AF900982

L'IMMOBILIER EN 2025

INVESTIR AUTREMENT

L'IMMO-BILIER EN 2025

INVESTIR AUTREMENT

MARTIN PROVENCHER

LES ÉDITIONS LA PRESSE

Catalogage avant publication
de Bibliothèque et Archives nationales
du Québec et Bibliothèque
et Archives Canada

Provencher, Martin
L'immobilier en 2025 :
Investir autrement

Comprend des réf. bibliogr.

ISBN 978-2-923681-33-7

1. Immeubles - Investissements.

2. Immobilier - Prévision.

3. Immeubles - Investissements -
Québec (Province). I. Titre.

HD1382.5.P762 2010 332.63'243
C2010-940368-1

ÉDITRICE DÉLÉGUÉE
Martine Pelletier

DESIGN ET INFOGRAPHIE
Yanick Nolet

PHOTOGRAPHIES COUVERTURE
David Boily, *La Presse*

RÉVISION
Karine Bilodeau

L'éditeur bénéficie du soutien
de la Société de développement
des entreprises culturelles du Québec
(SODEC) pour son programme
d'édition et pour ses activités
de promotion.

L'éditeur remercie le gouvernement
du Québec de l'aide financière
accordée à l'édition de cet ouvrage
par l'entremise du Programme
de crédit d'impôt pour l'édition
de livres, administré par la SODEC.

L'édtieur reconnaît l'aide financière
du gouvernement du Canada par
l'entremise du Programme d'aide
au développement de l'industrie
de l'édition (PADIÉ) pour ses activités
d'édition.

Dépôt légal – 1er trimestre 2010
ISBN : 978-2-923681-33-7
Imprimé et relié au Canada

LES ÉDITIONS
LA PRESSE

PRÉSIDENT
André Provencher

LES ÉDITIONS LA PRESSE
7, rue Saint-Jacques
Montréal (Québec) H2Y 1K9
514 285-4428

TABLE DES MATIÈRES

REMERCIEMENTS

La rédaction de ce livre représentait un double défi. Je me devais, d'une part, de sortir des sentiers battus du guide pratique conventionnel et, d'autre part, d'ouvrir une porte sur l'avenir et ainsi considérer les transformations qui ont lieu dans le monde afin d'analyser leurs impacts sur le secteur de l'immobilier.

Je remercie ma compagne de vie, Manon, pour sa tolérance et son appui. Un merci du fond du cœur à cette femme extraordinaire dont l'implication, la confiance et le travail ont permis la réalisation de cet ouvrage. Dans le même sens, merci à ma famille, en particulier à mon frère Gilles, qui a toujours cru en mes projets et sur qui j'ai toujours pu compter, de jour comme de nuit ! Je remercie également mes trois « vieux pots », Thierry, Greg et Yves, qui à leur façon, m'incitent continuellement à me renouveler, à me dépasser.

Je remercie également Daniel Hébert, Claude Caron et Jean Damphousse, des professionnels d'expérience qui, de mon point de vue, ont atteint le sommet de leur profession respective. C'est une chance pour moi de pouvoir compter sur leur présence dans mon entourage et de bénéficier de leur talent et de leurs sages conseils. À ce chapitre, je me dois de souligner la grande contribution d'un couple d'amis, Johanne Martin et André Lesage, des gens exceptionnels comme on en croise trop rarement au cours d'une vie. André, par sa générosité, son ouverture d'esprit et son sens hors du commun de l'entrepreneurship, est devenu un partenaire d'affaires incontournable et surtout, un mentor qui me tire inexorablement vers le haut !

J'aimerais en profiter pour adresser mes remerciements les plus sincères à toute l'équipe de professionnels des Éditions La Presse pour leur engagement, leur travail consciencieux et rigoureux ainsi que pour leur confiance en ce nouveau projet d'écriture.

Un merci tout particulier à mes partenaires et aux participants aux conférences et ateliers d'investisseurs immobiliers ainsi qu'à vous, amis lecteurs. Vos rêves et vos projets sont pour moi une source d'inspiration et de motivation inestimable !

Martin Provencher

INTRODUCTION

Vous tenez entre vos mains mon quatrième ouvrage, traitant de mon sujet favori : l'immobilier ! Le défi dans ce livre résidait dans le fait que je me risquais à sortir du sentier bien balisé des guides pratiques pour écrire ma vision de ce que l'avenir réserve à notre monde sous l'angle, bien sûr, de l'investisseur immobilier. Comme le mentionnaient les auteurs du livre *Le monde en 2025*, « [...] la prévision n'est pas un luxe, elle est une obligation de notre temps[1]. »

L'économie mondiale est en crise. Le Canada sort péniblement d'une récession. La Caisse de dépôt et placement a perdu 40 milliards de dollars. Seulement pour le mois de juin 2009, il y avait 5 milliards de manque à gagner au fédéral. Donc, c'est le retour aux déficits et à l'endettement.

Jim Rogers, un expert financier reconnu à travers le monde, affirmait en septembre 2009 : « En fait, le pire de la crise est à venir[2]. »

On pouvait d'ailleurs lire dans *Le Nouvelliste*, en juillet 2009 : « Le gouvernement fédéral est en voie d'ajouter 200 milliards de dollars à la dette nationale, au cours des prochaines années, et il faudra patienter au moins 10 ans avant de renouer avec l'équilibre budgétaire, selon une nouvelle analyse de la firme torontoise Dale Orr Economic Insight[3]. » Selon Terry Corcoran du *Financial Post*, les gouvernements fédéral et provinciaux se retrouveront en 2015 avec une dette de 1 000 milliards de dollars, ce qui représente 30 000 $ par résident canadien[4].

Des multinationales ferment leurs portes ou font faillite. Les gens craignent de perdre leur emploi, les retraités, leur fonds de pension... si ce n'est déjà fait. Comment ne pas réaliser que les plaques tectoniques de la finance et de l'économie s'entrechoquent?

Plusieurs tendances lourdes et planétaires sont actuellement en développement. Leurs interactions auront des conséquences qui créeront des occasions dans plusieurs domaines, dont bien sûr celui de l'immobilier. Simultanément, certains créneaux de l'immobilier, des segments de marché, seront en perte de vitesse, voire à éviter. De ces tendances, notons d'abord la croissance démographique. L'augmentation de la population et le changement du mode de vie d'un nombre de plus en plus grand de gens exercent une pression sur l'environnement et contribuent à l'épuisement des ressources en eau, en terres arables et en énergie. Pour répondre aux besoins énergétiques, il faut de l'eau. Une partie toujours plus importante des terres cultivables sont converties à la production de biocarburants, contribuant aussi à l'augmentation des coûts des denrées alimentaires. Tous ces changements accentuent le phénomène du réchauffement climatique, qui à son tour vient accroître les pénuries d'eau potable ainsi que la perte de terres arables par la sécheresse et la désertification. Tout cela transformera le monde de l'immobilier d'une façon encore jamais vue.

En tenant compte du fait que, d'une part, la population mondiale augmente et que le changement de style de vie des habitants des pays en voie de développement exige de plus en plus d'espace par individu et que, d'autre part, la planète perd chaque année des centaines de milliers d'hectares de terre en raison de la désertification, de la pollution, etc., l'équation devient évidente. La demande d'espace surpasse l'offre. Nous devons dès maintenant changer complètement notre façon de voir l'investissement immobilier. Il faudra passer du mode vertical, les immeubles de logements ou les tours de bureaux, pour envisager l'immobilier horizontal, l'étendue, la terre, bref l'espace !

Les projections suivent très rarement une trajectoire parfaitement linéaire. Mon analyse ne tient pas compte des avancées technologiques qui ne manqueront pas de se produire ni d'éventuelles ententes internationales que les différents gouvernements pourraient se voir dans l'obligation de ratifier devant l'imminence de catastrophes planétaires. Tout de même, je vous offre des pistes de réflexion que vous pourrez, si vous le désirez, reprendre à votre compte pour les modifier ou les mener plus loin.

« Mieux vaut s'y adapter tout de suite : la crise a donné naissance à un nouvel univers financier qui change la donne pour les investisseurs[5]. » L'immobilier sera-t-il encore un bon investissement dans les prochaines années? C'est une question que je vous propose de fouiller avec moi dans le présent livre.

CHAPITRE I

LA TRANSFORMATION DU MONDE DE L'IMMOBILIER

Notre planète vit de grands changements démographiques, économiques, financiers et climatiques. Dans ce premier chapitre, je vous propose un survol de ces transformations déjà amorcées, de leurs interrelations et des impacts majeurs qui en découleront et qui transformeront le monde... de l'immobilier.

UN DÉSÉQUILIBRE GRANDISSANT ENTRE L'OFFRE ET LA DEMANDE MONDIALE D'ESPACE

L'être humain, peu importe sa nationalité, doit se nourrir, se vêtir et se loger. Combler chacun de ces trois besoins de base universels requiert de l'espace. Cet état de fait favorise une demande de terrains toujours croissante. De son côté, l'offre, la surface habitable, cultivable et utilisable de la planète, est clairement définie, donc limitée. La Terre est toute petite... Nous devons absolument réaliser que — puisque nous ne pouvons créer une deuxième planète Terre, ni agrandir sa circonférence — l'offre d'espace dont nous disposons tous est connue. En plus de ne pouvoir être augmentée, cette dernière se trouve constamment réduite, année après année, par de nombreux facteurs que nous analyserons dans les pages qui suivent.

L'OFFRE MONDIALE D'ESPACE EST LIMITÉE ET EN DIMINUTION

La Terre, notre planète, a une superficie définie. Dans ce sens, Jim Rogers, le financier mondialement connu, dans une interview donnée à Doan Bui, journaliste au *Nouvel Observateur*[6], affirmait ce qui suit : « C'est la règle de l'offre et de la demande. Le problème, c'est qu'il n'y a pas assez de matières premières (terres, eau, pétrole, grains, minerai, etc.) pour toute la planète. ». Le déséquilibre entre une demande toujours grandissante d'espace et une offre limitée, qui ne cesse de diminuer, créera des menaces et des occasions immobilières. Partant de ce fait, dans les pages qui suivent, je vous présenterai d'abord les sept manifestations qui réduisent l'espace dont l'humanité dispose. Nous verrons ensuite les facteurs qui créent l'augmentation de la demande.

L'eau

Puisque cette évidence d'une pénurie de ressources nous échappe souvent dans notre partie du monde qui est marquée par l'abondance et les grands espaces, je me suis livré à l'exercice qui suit. Je me suis d'abord demandé quelle est la limite de l'offre. La réponse, qui représente bien sûr la superficie totale de la planète, est 510 067 420 km²[27]. Ce chiffre inimaginable est en quelque sorte l'arbre qui cache la forêt.

Voici pourquoi. En utilisant le principe de l'entonnoir, du plus grand au plus petit, nous devons retrancher de cette superficie totale la surface occupée par les mers. Ces dernières recouvrent 71 % de la planète. À elle seule, l'eau salée réduit donc l'offre d'espace de plus des deux tiers ! En kilomètres carrés, l'eau des mers occupe donc 362 147 868 km² (510 067 420 x 71 %). Cela ne nous laisse ainsi « que » 147 919 551 km² de terre (510 067 420 x (100 % - 71 %)) pour nous loger, produire notre nourriture et exploiter les sols pour en extraire l'ensemble des matières premières nécessaires à la fabrication de nos vêtements et de tout ce que nous consommons.

L'INDUSTRIALISATION, L'URBANISATION ET LA POLLUTION

La pollution due à l'activité humaine rend des territoires complets impropres à la vie. Le développement industriel, l'industrialisation de l'agriculture et l'explosion démographique prévue au cours du prochain cycle détruiront encore plus d'espace. En 2025, la population urbaine de la Chine sera de plus de 800 millions de personnes. Lors des Jeux olympiques de Pékin, nous avons eu droit à un aperçu de ce qui attend ces villes surpeuplées, alors que la pollution y atteint déjà des niveaux alarmants.

La croissance économique de la Chine se réalise au détriment de l'environnement, ce qui est en train de devenir une menace supplémentaire à l'ordre social. On estime qu'en 2030, les coûts des problèmes de santé découlant directement de la pollution pourraient représenter jusqu'à 15 % du produit intérieur brut (PIB) chinois[8]. L'accumulation de différents gaz dans le ciel de certaines régions de l'Inde et du sud de l'Asie forme de gigantesques nuages de smog brunâtres, et ce, durant trois ou quatre mois par année[9]. Pouvez-vous imaginer vivre dans ces conditions? Pourquoi alors ces gens l'accepteraient-ils, surtout une fois parvenus à un niveau d'instruction et de revenus leur permettant de vivre et de travailler à l'étranger, dans des régions de la planète où la qualité de l'environnement est bien meilleure?

Conséquence de son industrialisation rapide et de l'étalement urbain qui l'accompagne, la Chine perd 950 000 hectares[10] de terres arables chaque année. Selon un article de *L'actualité* de juin 2008, « [...] en 2006, les zones urbaines, le plus souvent bâties là où les sols étaient les plus fertiles, occupaient 400 000 km² dans le monde. Et elles grandissent de 20 000 km² par an, selon le Programme des Nations unies pour l'environnement (PNUE)[11] ». À cela s'ajoute la perte d'un autre 20 000 à 50 000 km² de sols en raison de l'accélération de « l'érosion naturelle qui a doublé, à cause des activités humaines[12] ».

En 2008, selon l'Agence internationale de l'énergie (AIE), la Chine est devenue le pays émettant le plus de gaz à effet de serre (GES), devançant ainsi les États-Unis[13]. On estime même qu'à un taux de croissance économique annuel de 10 %, en 2030, les GES émis annuellement par l'empire du Milieu représenteront le double de l'ensemble des émissions de tous les pays industrialisés ! Cela donnerait le goût à n'importe qui d'émigrer !

Le terme « réfugié environnemental » a été utilisé pour la première fois au milieu des années 1980. À mon avis, ce sera cependant au cours des deux prochaines décennies qu'il sera popularisé, entrant dans notre vocabulaire familier au même titre qu'« attentat terroriste » ou « dommages collatéraux ». On parle aussi « d'écoréfugiés » ou de « réfugiés climatiques ». Selon un expert en matière de réfugiés environnementaux, une discipline dont j'ignorais jusqu'à tout récemment l'existence, « leur nombre pourrait atteindre 250 millions en 2050[14] ». D'autres sources parlent même d'un demi-milliard[15].

En terme d'espace minimal nécessaire pour subvenir aux besoins de base de ces gens, nous pouvons alors parler de 450 millions d'hectares (250 millions x 1,8 ha) à 900 millions d'hectares (500 millions x 1,8 ha). Cette dernière estimation représente approximativement, selon mes calculs, tout près de la taille du Canada !

La différence entre la terre et… le sol

La planète est essentiellement (71 %) recouverte d'eau salée. Le reste, 29 % de sa surface, est la terre ferme ou l'espace dont nous disposons. Mais cette offre d'espace est encore limitée du fait que les terres arables ne représentent que 22 % de cette superficie solide, soit 32 542 301 km^2 (147 919 551 km^2 x 22 %);

le reste ne se prête pas à la culture parce qu'il y fait trop froid ou encore parce que le sol est accidenté, aride, infertile, etc.

En réalité, les sols fertiles sont rares. Au Québec, les terres arables ne représentent même pas 3 % du territoire (45 000 km²), comparativement à 7 % en Ontario[16]. On cultive déjà environ 60 % des terres arables les plus accessibles et productives réparties autour du globe. Dans certaines parties du monde comme l'Asie du Sud, la proportion des terres arables cultivées atteint même 94 %[17]. Autant dire que dans les régions les plus populeuses, la capacité maximale d'exploitation des sols est déjà atteinte !

Le réchauffement climatique

Le réchauffement climatique de la planète fait maintenant partie, après moult remous et critiques, des faits acceptés et reconnus. Plus précisément, en 2008, la température moyenne enregistrée autour du globe était supérieure de 0,49 degré Celsius à la moyenne pour l'ensemble des 100 dernières années[18,19]. L'océanographe et président de l'Observatoire global du Saint-Laurent, Serge Demers, affirme : « Cela prouve que les modèles prédictifs qu'on utilisait dans le passé n'étaient pas adéquats : tout va plus vite que prévu.[20] » Mary Glackin, sous-secrétaire adjointe américaine pour les océans et l'atmosphère, abonde dans le même sens : « Les changements auxquels on s'attendait se produisent en fait plus vite que nous le pensions.[21] »

Un autre indicateur de cette accélération du réchauffement climatique nous provient de l'Arctique. Considérée comme la « sentinelle du réchauffement » en cours, la banquise arctique fond à un rythme qui excède les scénarios des modèles climatiques les plus pessimistes, selon Louis Fortier, chercheur

à l'Université Laval. Ce dernier prévoit la disparition complète de la banquise arctique pendant l'été, et ce, dès l'horizon 2015-2018, un phénomène que les experts prévoyaient initialement pour… 2070[22] !

Une certaine forme de résignation s'installe. Les auteurs du livre *Le monde en 2025* vont même jusqu'à affirmer : « Quelles que soient les initiatives politiques adoptées, la hausse des températures semble inévitable à long terme.[23] » En somme, le climat de notre planète se réchauffe plus rapidement que prévu et l'ampleur du phénomène laisse certains pantois. Plusieurs conséquences liées à ce réchauffement ont déjà commencé à affecter le monde. En voici quelques impacts sur l'immobilier.

Conséquence 1 : l'augmentation du niveau des mers diminue l'offre d'espace

Une conséquence du réchauffement climatique est l'augmentation du niveau des mers. Progressivement, cela entraînera une perte de terre le long des littoraux. L'offre d'espace en sera ainsi réduite. Déjà, des îles disparaissent ou sont gravement menacées. C'est le cas, par exemple, du côté de l'océan Indien : les Maldives ainsi qu'une partie de l'Indonésie font assurément partie des territoires appelés à disparaître. D'ailleurs, en janvier 2009, *L'actualité* avait traité de cette catastrophe. Voici un extrait de l'article :

« Les habitants des îles Maldives, dans l'océan Indien, devront se résoudre à quitter leur coin de paradis. Si le niveau des océans monte, comme le prévoient les spécialistes du climat, les 12 000 atolls qui composent cet archipel seront engloutis avant la fin du siècle. Mohamed Nasheed, président de ce petit pays de 385 000 habitants, a toutefois créé un fonds spécial destiné à acheter des terres en Inde ou au Sri Lanka pour reloger les Maldiviens. Un test pour le genre humain. Jusqu'à maintenant, aucun pays n'est parvenu à installer ailleurs la totalité de sa population sans que cela dégénère en conflit[24]. »

Dans un autre article, on ajoute que : « Des crues et l'élévation du niveau de la mer pourraient menacer les basses terres et appauvrir les sols, ce qui en retour pourrait entraîner des migrations massives, en particulier du Bangladesh vers l'Inde.[25] »

Plus près de nous, les Îles-de-la-Madeleine sont également affectées. Déjà, en 2007, on puvait lire dans *La Presse* : « D'ici cinq ans (2012), un important lien unissant les Îles-de-la-Madeleine pourrait disparaître sous l'effet des changements climatiques. La douceur des hivers et l'intensité des tempêtes menacent en effet de couper l'archipel en deux, isolant du coup les îles de l'Est.[26] »

Conséquence 2 : les régions côtières seront menacées par la force des tempêtes, ce qui réduira aussi l'offre d'espace

Janvier 2009, dans un article du journal *Les Affaires* traitant de l'état du monde en 2025, on pouvait lire : « Enfin, les changements climatiques et leur cortège de catastrophes naturelles seront plus que jamais une menace pour les populations côtières, sans parler des coûts économiques croissants qui en découleront.[27] »

Les données compilées confirment qu'entre 1995 et 2005, le nombre de tempêtes dans l'Atlantique a doublé[28]. De plus, les années 2004 et 2005 ont été celles où il y a eu le plus d'ouragans. Les pertes financières se sont élevées à 145 et 200 milliards de dollars américains[29]. À lui seul, l'ouragan Katrina a causé, le 29 août 2005, entre 90 et 100 milliards[30] de dollars de dommages et, surtout, le déplacement de dizaines de milliers de gens, dont beaucoup ne reviendront jamais. Conséquence : diminution de la demande à La Nouvelle-Orléans et augmentation de la population et des valeurs immobilières au Texas, l'État voisin.

Constatant la rapidité à laquelle se produit le réchauffement climatique, les experts affirment que des « manifestations tangibles » qui en découleront devraient se matérialiser en Amérique du Nord avant 2020[31]. Ce message, qui n'est pas nouveau, a du mal à passer. Je crois que cela s'explique en partie par la mesure des changements climatiques : une hausse de quelques dixièmes de degrés Celsius n'est pas vraiment impressionnante. Pourtant, même un léger réchauffement peut avoir des conséquences désastreuses.

Par exemple, une augmentation, même « minime » du niveau des mers, considérant les distances énormes parcourues par les tempêtes en formation, permettent à ces dernières, au fil de leur progression, d'emmagasiner beaucoup plus d'énergie. La masse d'eau additionnelle résultant de la fonte des glaciers contribue à l'augmentation de la fréquence et de la force des tempêtes, obligeant des populations côtières entières à migrer[32]. Plus de la moitié de la population mondiale vit près des côtes ! L'autre moitié ne pourra pas continuer de vivre comme si de rien n'était.

Tout cela a même inspiré à nul autre que Bill Gates, philanthrope cofondateur de Microsoft, une invention qui pourrait réduire, à coût de milliards de dollars, la force des tempêtes. Il s'agit de plateformes flottantes munies de pompes reliées à de longs tuyaux, un peu comme une méduse, qui permettraient, sur la route prévue des tempêtes, de pomper l'eau froide des profondeurs vers la surface afin d'abaisser la température de l'eau, diminuant ainsi la source d'énergie des tempêtes[33]. Je me suis dit que si un des hommes les plus influents de la planète est préoccupé par la situation, peut-être devrions-nous aussi y porter attention?

Conséquence 3 : l'offre mondiale d'espace diminue à cause de la sécheresse et de la désertification

Le réchauffement climatique augmente également la fréquence et la durée des périodes de sécheresse tout en contribuant à l'expansion des zones désertiques. Selon les Nations unies, la désertification toucherait toutes les régions du globe et mettrait en péril le tiers des terres arables de la planète[34]. De plus, l'augmentation des périodes de sécheresse diminue le rendement des terres agricoles. Selon le Groupe intergouvernemental d'experts sur l'évolution du climat (GIEC), les rendements agricoles dans certains pays du continent africain pourraient chuter de 50 % d'ici 2020[35]. C'est majeur !

Selon Luc Gnacadja, secrétaire de la Convention de l'Organisation internationale des Nations unies (ONU) sur la lutte contre la désertification[36], en 2025, jusqu'à 70 % de la Terre pourrait, si rien n'est fait, se voir affectée par la sécheresse. Déjà, en 1991, l'évaluation mondiale de la dégradation des sols (GLASOD) estimait (dans la seule étude exhaustive dont nous disposons) que 10 millions de km^2 de sols étaient gravement dégradés, sur les 115 millions qui couvrent les continents. Selon le PNUE, de 1981 à 2003, près de 14 millions de km^2 de sols, soit une fois et demie le Canada, auraient perdu une partie importante de leur capacité de régénération.[37]

Selon le Climate Institute à Washington, la désertification menacerait déjà un milliard de personnes et serait le phénomène créant le plus grand nombre de réfugiés environnementaux[38]. Selon l'ONU, la Chine à elle seule aurait déjà perdu plus du quart de son territoire au profit du désert, qui continue son avancée, engloutissant 4 000 km² de terres supplémentaires chaque année[39]. La désertification, seulement en territoire chinois, menacerait la subsistance de 400 millions de personnes[40]. En Afrique, c'est actuellement 46 %[41] du continent qui est désertique. De par le monde, chaque année, c'est plus de 200 000 hectares[42] de terres agricoles qui sont « désertifiés ». En d'autres termes, cela représente approximativement l'espace minimal nécessaire à la survie de 111 000 êtres humains (200 000 ha/1,8 ha). Il n'est pas nécessaire de cultiver un jardin pour se rendre compte de la gravité de la situation !

LA DEMANDE MONDIALE D'ESPACE AUGMENTE SANS CESSE

Un constat unanime ressort de ce que nous venons de voir : l'être humain exerce une pression énorme sur la planète ! Certains commentateurs scientifiques utilisent même, pour décrire le bipède qui trône au sommet de la hiérarchie des prédateurs, le terme « parasite ». L'humain est partout, en nombre sans cesse croissant et a des besoins énormes. Afin d'assouvir ces derniers, l'espèce humaine exige de plus en plus d'espace.

Deux facteurs créent une énorme pression sur la demande mondiale d'espace. D'abord, le nombre d'individus sur la planète est en forte croissance, ensuite, la propension à vivre au-dessus de nos moyens en ce qui concerne l'espace est de plus en plus répandue sur la Terre. Si vous préférez, le mode de vie des habitants des pays occidentaux se répand, faisant en sorte qu'un nombre grandissant de gens exigent, afin de combler leurs besoins, de plus en plus d'espace.

La demande mondiale d'espace augmente à cause de l'explosion démographique

Entre 2010 et 2025, la population mondiale augmentera de 1,3 milliard d'individus[43] (19 % d'augmentation), portant celle-ci à 8 milliards d'êtres humains. Puis, en 2050, la Terre devra subvenir aux besoins de 9,1 milliards de personnes[44]. Aux États-Unis, la population augmentera au cours des 15 prochaines années de 40 millions d'individus, tandis qu'au Canada, l'augmentation sera de 4,5 millions[45]. Des pays du G7, ce sont les États-Unis qui connaîtront la plus forte croissance démographique avec la formation annuelle de 1,2 million de nouveaux ménages[46].

Les estimations réalisées par Statistique Canada font état d'une augmentation de 7 % de la population du Québec au cours des 15 prochaines années, comparativement à 14 % dans le reste du Canada[47]. De son côté, l'Institut de la statistique du Québec (ISQ) estime que l'ensemble de la population québécoise devrait continuer à croître pendant encore 25 ans — jusqu'en 2031 — avant d'amorcer un lent déclin[48]. Selon Patrice Vachon de chez Heenan Blaikie, un « plafond démographique » à 8,1 millions d'individus au Québec serait atteint en 2032[49]. Rappelons toutefois qu'il s'agit là de projections basées essentiellement sur des hypothèses faisant référence à un taux de fécondité de 1,5 enfant par femme et à un solde migratoire positif (la différence entre les gens qui quittent la province et ceux qui viennent s'y établir) de 19 000 individus.

Par contre, en tenant compte du petit *baby-boom* que le Québec connaît depuis quelques années et des politiques d'immigration plus proactives, donc avec de nouvelles hypothèses telles qu'un indice de fécondité de 1,65 et un solde migratoire de 35 000 (atteint en 2006), la population du Québec serait composée plutôt de 8,6 millions de personnes en 2026 et passerait le cap des 9 millions en 2051[50]. L'Institut de la statistique du Québec parle de tendance renversée[51,52] dans l'élaboration de ses nouvelles projections. D'ailleurs, ce dernier scénario m'apparaît plus réaliste du simple fait que la pression pour une plus grande ouverture de nos frontières à l'immigration et à un plus grand partage de nos ressources (notre eau et notre espace) ira en s'amplifiant.

D'ailleurs, au Canada, chaque année, nous accueillons 333 000 immigrants. Environ 45 000 choisissent le Québec. De ce nombre, on compte 30 000 immigrants français (15 000 couples)[53]. Conscient de notre réalité démographique dans un contexte de mondialisation, le gouvernement du Québec a relevé à 48 000 le nombre d'immigrants reçus, soit une augmentation de 30 % par rapport à ce qu'il était au cours des 15 dernières années[54]. Il semble cependant que, malgré cette nouvelle ouverture, nous soyons loin du compte. En effet, selon le démographe Marc Termotte, de l'INRS-Urbanisation, le Québec devrait, simplement pour stabiliser sa population, accueillir environ 80 000[55] immigrants par année. Il faudrait pratiquement doubler les objectifs d'accueil, à la fois pour combler les besoins du Québec, mais aussi pour donner une chance à plus de gens d'accéder à une vie meilleure !

La demande mondiale d'espace augmente à cause du changement de mode de vie

Actuellement, selon le Fonds mondial pour la nature (WWF), l'empreinte écologique, ou l'espace nécessaire afin de subvenir aux besoins d'un humain et d'absorber les impacts que produit son mode de vie sur l'environnement, est estimée en moyenne à 2,2 hectares par personne (2,2 x 10 000 m^2 = 22 000 m^2)[56]. D'autres sources estiment la capacité de la planète à produire des ressources et à absorber nos déchets à 1,8 hectare par personne (1,8 x 10 000 m^2 = 18 000 m^2)[57]. Au Québec, notre empreinte écologique est en moyenne de six hectares par personne (6 x 10 000 m^2 = 60 000 m^2). Transposée à l'échelle planétaire, la pression environnementale exercée par l'espèce humaine est astronomique !

À travers le monde, l'accession à la classe moyenne est principalement définie par le passage financier du mode de survie (1,8 ha/personne) à des revenus qui permettent aux gens de consommer davantage selon leurs désirs (6 ha/personne). Cela signifie que des dizaines de millions de gens, chaque année, adoptent un mode de vie similaire au nôtre et augmentent ainsi leur empreinte écologique, exigeant plus d'espace pour combler leurs besoins. Concrètement, « [...] chaque année, environ 40 millions de Chinois et d'Indiens joignent les rangs de la classe moyenne. C'est plus que la population du Canada[58] », explique Donald Coxe, stratège mondial de BMO Nesbitt Burns.

Si au Québec la classe moyenne se meurt, dans les pays émergents dont le BRIC (Brésil, Russie, Inde et Chine), elle explose. Ainsi, au cours des 15 prochaines années, la classe moyenne dans le monde passera de 440 millions à 1,2 milliard de personnes[59]. Cela représente environ 800 millions[60] de personnes supplémentaires dont le nouveau mode de vie exigera trois fois plus d'espace, soit l'équivalent de l'empreinte écologique minimale de 2,4 milliards d'humains !

Jinlong Wang, le président-directeur général de Starbucks en Chine, résumait cette situation en entrevue en soulignant : « Nous aussi, nous voulons consommer. Comme les Américains, comme les Européens. Nous ne sommes pas différents[61]. » C'est sans équivoque. Tous les peuples de la Terre veulent ce que nous avons, vivre comme nous vivons et consommer comme nous… surconsommons !

Parmi ces changements dans les habitudes de consommation causés par le nouveau mode de vie que permettent des revenus financiers plus importants, on note une nette augmentation de la consommation de viande. Déjà, depuis 20 ans, les Chinois ont carrément triplé leur consommation de bœuf[62]. Il serait même mal vu, dans ce pays, de manger le traditionnel bol de riz, que l'on ne sert plus qu'à la fin du repas[63]. La raison en est que manger du riz laisse à penser que vous n'avez pas les moyens de vous payer… de la viande !

Le résultat de ce prestige attribué, dans les pays en développement, à la consommation de viande, est que sa consommation augmente, en pourcentage, deux fois plus rapidement que la population mondiale[64]. En ce qui concerne l'espace, produire une portion de bœuf requiert sept fois plus de sol qu'une portion de riz. De l'espace et… encore de l'espace !

LES DÉFIS DE L'HUMANITÉ QUI DÉSÉQUILIBRERONT LA DEMANDE ET L'OFFRE D'ESPACE

D'autres déplacements importants de population résulteront des tensions internes et géopolitiques dans le monde, de la crise alimentaire et de la pénurie grandissante d'eau potable. Autant de raisons motivant les classes moyennes et les élites des pays en développement à fuir vers les pays développés au cours du prochain cycle[65]. Par exemple, depuis l'effondrement de l'Union soviétique en 1991, la Russie a vu sa population diminuer, selon l'ONU, de 6,6 millions d'habitants, une tendance qui devrait s'accélérer et amener ce pays à perdre 11 millions d'habitants supplémentaires d'ici 2025[66].

De plus, selon les auteurs du livre *Le monde en 2025*, l'écart entre le faible niveau de vie des gens vivant dans les campagnes et celui, souvent beaucoup plus élevé, de ceux qui gagnent leur vie en ville devrait se creuser, ce qui risque d'aggraver davantage les tensions sociales actuelles[67]. Plus loin, ils ajoutent que « [...] le développement attendu des migrations internes devrait peser sur des agglomérations déjà surpeuplées et pourrait provoquer des conflits entre différents groupes ethniques[68]. » En somme, une répartition inégale des ressources jumelée à un manque d'espace constitue un cocktail pour le moins explosif!

À ce chapitre, l'Organisation mondiale de la santé nous apprend qu'en Chine, rares sont les ouvriers ayant accès à des hôpitaux et à des écoles pour leur enfant alors que, chaque année, 400 000[69] d'entre eux meurent de la pollution de l'air et que 300 millions boivent de l'eau contaminée... Devant ces chiffres, on peut imaginer que la fuite à l'étranger est moins une option pour améliorer leurs conditions de vie qu'une obligation afin de survivre[70].

Na Liu, analyste chez Scotia Capitaux, établit à 7 % (d'autres sources mentionnent même un seuil minimal de 8 % annuellement !) le seuil de croissance minimal pour que le régime communiste de Beijing maintienne le contrôle de sa population. En deçà de ce taux, les dirigeants pourraient faire face à des révoltes ouvrières[71]. Des manifestations violentes s'y produisent déjà. Ce rythme de croissance, nécessaire à la création d'emplois afin d'absorber le flot d'immigrants intérieurs, des paysans quittant les campagnes pour venir gagner leur vie à la ville, est à mon avis insoutenable à long terme. Cette pression économique se traduisant en tensions politique et sociale, additionnée à la pollution environnementale, mèneront de plus en plus de ressortissants chinois à quitter le pays le plus populeux de la Terre afin d'émigrer vers des endroits où il fait bon vivre. Le dernier rapport de la CIA le confirme : « Le nombre de migrants cherchant à quitter des terres défavorisées pour d'autres relativement privilégiées a des chances de s'accroître[72]. » On peut les comprendre !

Au cours du prochain cycle et au-delà, la Chine devra relever d'énormes défis[73]. Il en ira de même en Inde, cet autre géant démographique. Selon *The Globalist*, « [...] le conflit est en train de se radicaliser entre, d'un côté, les préoccupations écologiques et, de l'autre, le besoin d'habitat des populations pauvres[74] ». Cette tension causée par le manque de ressources et d'espace se répand. Selon la Banque mondiale, déjà 33 pays seraient menacés de troubles politiques et de désordres sociaux en raison, entre autres, de l'explosion des prix des denrées de base[75]. Pire encore, il y a un manque alarmant d'eau potable un peu partout sur le globe. Ce sujet est abordé dans la section suivante.

La pénurie d'eau potable

Le nouveau rapport de la CIA se penche sur la question. On peut y lire : « D'après les experts, 21 pays dont la population cumulée totalise 600 millions d'habitants connaissent aujourd'hui une pénurie d'eau potable ou de terre cultivable. En raison d'une croissance démographique continue, on s'attend qu'en 2025, ces pays soient au nombre de 36, pour une population totale de 1,4 milliard d'habitants[76]. » C'est énorme, mais ce n'est rien, car l'estimation de l'ONU est carrément le double ! En effet, selon cette dernière, en 2025, plus de 2,8 milliards de personnes vivront dans des pays ou régions touchés par une pénurie d'eau[77]. Inutile d'entreprendre une guerre de chiffres ou de débattre des heures durant de la définition exacte du terme « pénurie d'eau »[78]. Il demeure toutefois clair que ces centaines de millions de personnes exerceront une pression sur la demande d'espace... où l'eau sera encore disponible en quantité et en qualité suffisantes.

La crise alimentaire

La problématique liée à la faim dans le monde devient insoutenable. En 2008, une nouvelle expression, peu réjouissante, a commencé à circuler dans les médias pour décrire une des conséquences de ce phénomène : « émeutes de la faim ». Le nombre de personnes qui souffrent de la faim, selon l'organisation des Nations unies pour l'alimentation et l'agriculture, a progressé de 11 % pour atteindre 1,02 milliard[79,80] de personnes dans le monde.

À ce sujet, Luc Gnacadja, secrétaire de la Convention de l'ONU sur la lutte contre la désertification, mentionnait en octobre 2009 : « Il n'y a pas de sécurité mondiale sans sécurité alimentaire[81]. »

Dans le dernier rapport de la CIA, on pouvait lire : « D'ici à 2025, le monde sera confronté à des problématiques contradictoires et conflictuelles entre la sécurité énergétique et la sécurité alimentaire[82]. »

La Banque mondiale estime que la demande alimentaire aura augmenté de 50 % en 2030[83]. Le secrétaire général des Nations unies, Ban Ki-moon, va plus loin en affirmant que ce niveau devra être atteint afin « d'éviter une crise alimentaire[84] ». Ce qui est à la fois désespérant et une bonne nouvelle, c'est qu'il ne suffirait, selon la Food and Agriculture Organisation (FAO), que de 30 milliards de dollars[85] pour endiguer cette situation. C'est peu en comparaison du plan de relance d'Obama (700 milliards) ou de la fraude de Bernard Madoff (50 milliards).

Dans son livre au titre évocateur, *Les affameurs*, Doan Bui écrit : « Mais le pire est à venir. Selon les experts, le renchérissement de la nourriture est une tendance à long terme. La population du globe augmente. Les ressources s'épuisent. L'équation n'est pas très compliquée. Bref, ce que nous avons vu ce printemps n'est qu'une petite répétition de ce qui nous attend dans les dix prochaines années[86]. »

En raison du réchauffement climatique, selon un rapport de la Banque asiatique du développement, la production de riz aux Philippines pourrait chuter de 50 % à 70 % d'ici 2020[87]. Du côté de l'Afrique, est-il encore nécessaire de mentionner que la situation est pire encore : irrigation insuffisante, manque d'investissements, sécheresse, désertification et destruction volontaire de récoltes et de troupeaux par les ennemis en guerre[88]? « Si la situation perdure, la Banque mondiale prévoit que la flambée des prix agricoles tuera 100 millions de pauvres[89]. »

Un adage chinois dit : « Quand les riches maigrissent, les pauvres meurent[90] ». La situation de la faim dans le monde représente un dossier aux répercussions planétaires. Tout découle encore une fois des choix effectués quant à l'utilisation des terres : énergie ou alimentation.

La déforestation accélère doublement le réchauffement climatique

Les forêts tropicales, en raison de l'action purificatrice qu'elles exercent sur l'air par l'absorption du gaz carbonique (CO_2), sont souvent considérées comme le poumon de la Terre. La plus connue, celle de l'Amazonie, recouvre à elle seule six millions de kilomètres carrés (c'est 60 % de la superficie du Canada[91] !) de territoire que se partagent neuf pays d'Amérique du Sud. Ce que de plus en plus de scientifiques redoutent maintenant (dont les membres du Groupe intergouvernemental d'experts sur l'évolution du climat ou GIEC), serait que le réchauffement de la planète crée un assèchement de ces zones, découlant d'une nouvelle répartition des précipitations. Cela aurait pour effet d'augmenter le nombre d'incendies de forêt et donc de provoquer une disparition progressive des forêts tropicales, une déforestation qui à son tour diminuerait d'autant la capacité d'absorption du gaz carbonique. Tout cela additionné aux nouvelles émissions de gaz à effet de serre produites par la combustion de la végétation asséchée ! Bref, un effet domino de catastrophes !

La déforestation est aussi causée par l'homme qui a toujours des besoins grandissants en bois et en espace pour la culture ou pour engraisser son bétail. Un exemple cité par *L'actualité* concerne Otaviano Pivetta, un propriétaire de 330 000 hectares de terres au Brésil et dont l'entreprise agricole emploie des milliers de personnes[92] : « La population mondiale augmentera de 50 % d'ici 2050 et la consommation de viande suivra cette tendance. Des milliards d'humains veulent augmenter leur niveau de vie. Il faut les nourrir, et nous possédons ici (en Amazonie) les dernières grandes terres arables de la planète. » De la viande, de l'espace (prélevé sur la forêt)... encore plus de viande !

Je vous donne un autre exemple, cette fois du côté de l'Indonésie. Imaginez, toutes les 10 secondes, c'est l'équivalent de la surface d'un terrain de football de forêt qui part en fumée pour faire de la place à la culture, principalement celle de l'huile de palme. À ce rythme, c'est 2 % de sa forêt que perd ce pays chaque année. Selon la Banque mondiale, 60 % de la forêt serait déjà détruite[93]. Les plans établis pour la prochaine décennie prévoient augmenter les surfaces disponibles pour les plantations de 20 millions d'hectares[94].

La forêt indonésienne n'en a plus pour longtemps, créant d'autres défis. On connaît le rôle de protection des sols que joue la forêt. En raison de la déforestation, chaque année, 30 000 km² de terre[95] s'ajoutent aux terres cultivées. C'est 60 fois l'île de Montréal[96,97] ! Le plus déplorable, c'est que toute cette terre arrachée de force à la forêt, que l'on détruit à coup de culture intensive et d'exploitation abusive, s'appauvrit rapidement. Un article de *L'actualité* soulignait ce fait ainsi : « Dans les régions tropicales, où la décomposition est très rapide, les terres défrichées perdent leur fertilité en moins de cinq ans[98]. » On comprend ainsi que pour assurer sa production, un agriculteur ou un éleveur de bétail devra déboiser chaque année 20 % de la superficie dont son entreprise a besoin afin de remplacer la terre devenue infertile.

Actuellement, la concentration de gaz carbonique dans l'atmosphère est de 386 parties par million (ppm) et pourrait grimper rapidement à près de 500 ppm[99]. Dans l'éventualité où ce scénario venait à se produire, les effets seraient catastrophiques, au point où je préfère m'en tenir là et vous inciter plutôt à vous renseigner sur le sujet. Par contre, ce qui est certain, c'est que la déforestation, pour ces raisons évidentes, a bel et bien un impact important sur le réchauffement planétaire[100,101].

En somme, les êtres humains se multiplient et ils exigent davantage de ressources qui nécessitent immanquablement de l'espace, beaucoup d'espace! Notre planète, que nous exploitons à un rythme accéléré, n'a pas le temps de se régénérer. La base de l'immobilier étant le terrain, à l'avenir les investisseurs, entre eux, ne se demanderont plus de combien de portes ils disposent, mais plutôt de combien d'espace. Le prochain chapitre traite des changements de fond qui provoqueront une conception nouvelle de l'immobilier.

CHAPITRE 2

LA MORT DES « BLOCS »

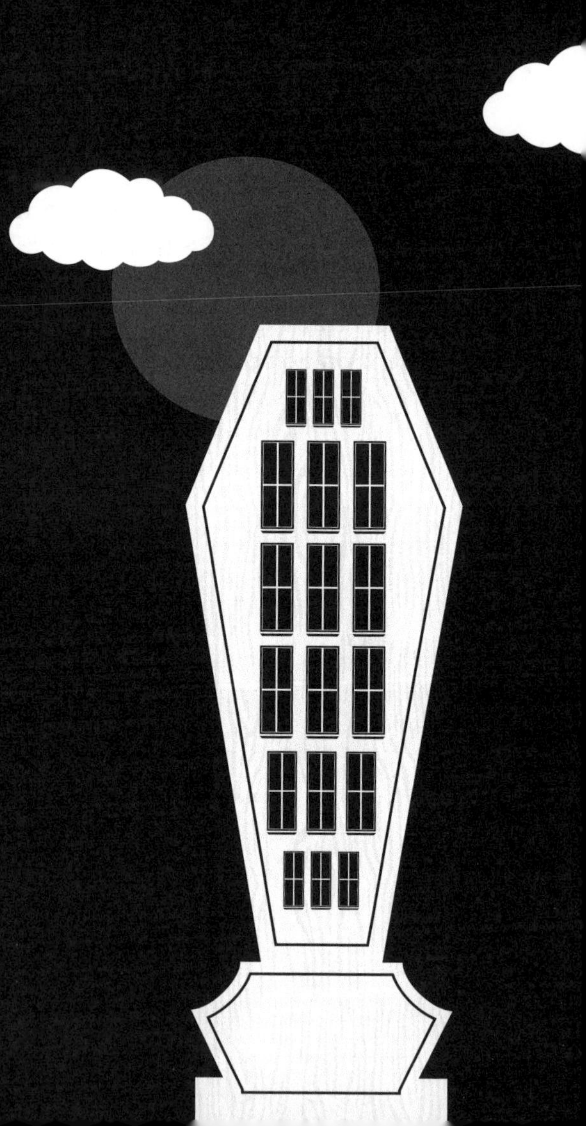

D'accord, le titre de ce chapitre est quelque peu provocateur. Parfois, un électrochoc est nécessaire. Un peu comme la gifle au visage infligée à une personne en état de choc. Cependant, vous savez aussi que si cette personne ne recouvre pas ses esprits rapidement, l'incendie au milieu duquel elle se trouve la consumera. Attention, je ne dis pas que les propriétaires d'immeubles ou encore les gens qui désirent toujours investir dans ce segment particulier du marché immobilier vont automatiquement se brûler... mais assurément, certains types d'immeubles ainsi que plusieurs secteurs commencent à sentir le roussi. Afin que je puisse vous exposer mon analyse, voyons de plus près les causes qui confirment, avec certaines nuances, *la mort des « blocs »*.

DE MOINS EN MOINS D'INVESTISSEURS IMMOBILIERS VEULENT ENCORE DES « BLOCS »

Tout d'abord, trop de gens commettent encore l'erreur, très réductionniste, de ramener l'ensemble du vaste monde de l'immobilier à un seul segment : les « blocs ». Ce qui doit maintenant devenir clair est que l'équation « immobilier égale "blocs" » est dépassée. Nous vivons maintenant dans un monde nouveau. Un monde interdépendant, à la fois unifié et segmenté.

L'univers immobilier où vous vous trouvez aujourd'hui, offre, au-delà des « blocs », plus d'une vingtaine de segments de marché, différents les uns des autres. Certains segments immobiliers sont très prometteurs, quelques-uns simplement acceptables et d'autres sont carrément à éviter (voir les chapitres 3 et 4). Au choix du segment, nous devons également superposer le secteur, la localisation géographique, cet incontournable de toujours (voir le chapitre 5). Ainsi, le succès de l'investisseur immobilier de demain dépendra de la combinaison du segment de marché privilégié et du secteur retenu (voir le chapitre 9). Au final, lorsque le segment choisi concernera tout de même un immeuble, le type et la qualité de construction de ce dernier seront également déterminants.

Au fur et à mesure qu'augmentera le nombre, déjà grandissant, d'investisseurs ayant réalisé que d'autres segments immobiliers offrent des occasions immobilières plus profitables, plus sûres et moins contraignantes que les immeubles, moins il y aura de gens intéressés par l'achat de « blocs ». Moins d'acheteurs potentiels, moins de demande. Lorsque la demande pour un segment de marché est en baisse, il est difficile de maintenir les valeurs des propriétés qui en font partie. Ce phénomène peut conduire certains propriétaires à vendre plus vite que prévu, créant ainsi sur le segment de marché une augmentation de l'offre d'immeubles, ce qui engendre à son tour une pression à la baisse des prix. D'autres vendeurs pourraient même accepter des offres sous la valeur du marché, comme cela vient de se produire en Floride, favorisant ainsi une baisse des valeurs.

LES « BLOCS » : UNE ENTREPRISE AUX REVENUS PRÉCAIRES

Revenons à la base. L'immobilier locatif résidentiel, communément appelé « blocs », est une entreprise commerciale. Le commerce, c'est-à-dire l'action de transiger, de générer un chiffre d'affaires en réalisant des ventes, d'un produit ou d'un service, est le cœur de toute activité créant de la richesse, ce qui inclut le segment immobilier que représentent les « blocs ». Cet échange d'un produit ou d'un service contre rémunération nécessite bien entendu l'intervention d'un minimum de deux individus ou groupes, l'acheteur et le vendeur. Louer un logement s'inscrit dans cette lignée. Le propriétaire ou le locateur est en réalité un vendeur de service, soit la jouissance des lieux loués, d'un espace donné, pour une certaine période de temps et, dans ce cas-ci, pour des fins personnelles. Le locataire est l'acheteur de ce service. Le chiffre d'affaires est créé par l'ensemble des revenus de location générés par l'immeuble.

Jusqu'ici tout va bien. Nous sommes en terrain connu. À ce stade, il est essentiel de nuancer et de comprendre qu'il existe une différence vitale entre le besoin de la clientèle locative et la demande effective pour ce service. Cela se résume en un mot : l'argent. En somme, tout le monde, incluant évidemment les locataires, ressent une tonne de « besoins ». Le besoin est inhérent à l'être humain. Nous avons tous une quantité hallucinante de « besoins » qui, d'une certaine façon, sont en concurrence entre eux afin de se retouver au sommet de notre liste de priorités. Chaque besoin veut se voir comblé par des ressources financières qui, peu importe le revenu, sont limitées.

Un besoin comblé est immédiatement remplacé par un autre. Vous achetez une voiture, mais vous aimeriez aussi le nouveau modèle, plus luxueux ou simplement d'une autre couleur. Vous achetez un spa pour profiter de votre cour, mais cela ne change rien à votre envie de prendre l'avion pour aller passer une partie de vos vacances dans le Sud. Vous acquérez une maison, vous désirez ensuite un chalet, puis une maison plus grande, etc.

Tout le monde fait des choix en fonction de ses revenus, car il y a toujours une limite financière que, malheureusement, nous atteignons. Voilà la différence entre le besoin et la demande. Dans le cas qui nous occupe, cela revient à dire que tout le monde a besoin d'un toit, à titre de propriétaire ou de locataire. La question est de savoir de combien d'argent dispose chacun pour payer l'hypothèque ou le loyer. Voilà ce qui déterminera ensuite cette fameuse demande. Nous y sommes. C'est ici que le bât blesse. Le crédit facile permet de repousser les limites de la demande, rejoignant l'étendue des besoins, en créant une disponibilité illusoire de fonds chez les consommateurs. Cela fragilise la situation financière de plus en plus de gens, de locataires, mais aussi de propriétaires de « blocs » !

En somme, nous vivons dans un monde de consommation effrénée, à l'ère du crédit. Aux États-Unis et seulement sur les soldes accumulés sur les cartes de crédit, le total des dettes s'élève à 950 milliards de dollars[102]. Imaginez, c'est 250 milliards de plus que le plan exceptionnel de relance élaboré par l'Administration Obama pour tenter de sortir la plus grande économie du monde de la pire crise financière depuis la grande dépression... et tout cela sur des cartes de crédit !

Suivant ce mouvement de consommation, une partie de la clientèle locative se retrouve donc, et il s'agit à mon avis d'une tendance lourde qui se maintiendra, dans une situation financière précaire. Pour vous le prouver, au cas où vous en douteriez toujours, « selon l'Association des banquiers canadiens, le nombre de cartes de crédit a plus que doublé en 10 ans, et le montant net des transactions sur les cartes a plus que triplé, passant de 75 milliards de dollars en 1996 à 243 milliards en 2006[103] ».

Alors que le nombre de cartes en circulation explose, que leur utilisation se multiplie et que les soldes impayés s'accumulent, Stephen Jarislowsky, un des plus grands spécialistes de la finance au Canada, résumait cette situation problématique du surendettement des consommateurs (ce qui inclut toujours les locataires!) en écrivant : « [les gens] sont devenus des accros des cartes de crédit[104] ». D'ailleurs, pour se sentir reconnus, les adolescents, qui seront les locataires de demain, ont « besoin » de trois choses : un permis de conduire, un cellulaire et... une carte de crédit!

Ce qui pose problème, ce n'est pas tant la baisse de la demande de logement, même si celle-ci est déjà amorcée, que la fragilité grandissante de la capacité de payer de la clientèle locative. La règle qui veut qu'un logement vide vaille mieux qu'un logement mal loué prévaudra toujours. Cela étant dit, si à la longue une grande proportion des logements demeurent vacants parce que les propriétaires ne peuvent trouver des locataires solvables, on comprendra dans ce cas que l'entreprise sera déficitaire, à n'en pas douter!

Mais poursuivons sur le sujet de cette précarité de la situation financière de la clientèle locative. Dans un article paru au début de 2009, André Gosselin mentionnait : « En 1995, la dette des ménages canadiens représentait 82 % de leurs revenus après impôts, alors qu'elle se situe actuellement à plus de 125 % (140 % aux États-Unis)[105]. » Dans le même ordre d'idées, une étude réalisée par Deloitte mentionnait, pour sa part, des ratios d'endettement de 130 % au Canada et de 120 % aux États-Unis[106]. *Grosso modo*, cela revient donc à dire que pour chaque dollar net gagné de ce côté-ci de la frontière, nous dépensons 1,30 $ (1,25 $). De leur côté, nos voisins, qui achètent l'essentiel de nos exportations, dépensent 1,20 $ (1,40 $) dollar pour chaque dollar gagné. Intenable!

Apprendre que ce ratio dettes/revenus augmente au Canada, je n'en suis pas nécessairement surpris, mais qu'il diminue aux États-Unis, cela m'a rendu perplexe... jusqu'à ce qu'une explication soit portée à ma connaissance. Voici : le surendettement mène ses pires adeptes à la faillite, ce qui les lave de leurs dettes, faisant ainsi baisser la moyenne des dettes et des revenus de l'ensemble. C'est vrai qu'en sortant de chez le syndic, un locataire en retard peut se vanter d'avoir « réglé » ses dettes ce qui ne remplit pas pour autant les poches du propriétaire du « bloc » où il résidait...

D'ailleurs, dans un article de *La Presse* on pouvait lire : « Les défauts de paiement sont en forte hausse au pays, ce qui entraîne des radiations d'actifs et crée des tensions "sans précédent" chez les émetteurs de cartes[107]. » On aurait pu ajouter que cela crée également des « tensions » chez les propriétaires de « blocs » !

Cette clientèle locative surendettée, avec laquelle personnellement je ne veux plus « faire affaire » est tellement légion que le gouvernement fédéral a apporté des amendements aux dispositions sur les délais de « libération » des faillis, les faisant passer de 9 à 21 mois pour une première faillite et de 12 à 36 mois[108] pour les récidivistes de la consommation abusive. Travailler sur les conséquences, surtout de façon coercitive, ne réglera en rien le problème !

Selon les données compilées par Equifax, la proportion de consommateurs incapables de s'acquitter de leurs obligations financières a bondi de 24 % entre juin 2008 et juin 2009[109], confirmant une situation qui ne cesse de s'aggraver. Je dois préciser que cette statistique, déjà inquiétante en elle-même, ne tient compte que des retards de 90 jours et plus. Trois mois sans aucun paiement ! En somme, on dirait que la mode « achetez maintenant et payez plus tard » est en train de se transformer en « achetez maintenant et ne payez jamais » !

Un autre signe qui ne trompe pas : les magnifiques modèles de voitures neuves que vous pouvez admirer dans les stationnements d'immeubles d'appartements. Il n'est plus difficile de trouver des locataires dont le paiement de voiture est plus élevé que celui de leur logement ! D'ailleurs, il est évidemment plus facile de saisir une voiture que d'évincer un locataire. Le sachant et devant la possibilité de ne pouvoir payer que l'un ou l'autre, je vous laisse deviner la priorité qui l'emportera.

Avant de vous donner les autres raisons qui expliquent la mort prochaine des « blocs », laissez-moi vous raconter une anecdote. Mes parents se sont mariés en 1963, à une époque où avoir des dettes était encore mal vu et faire faillite, presque un péché capital qui, assurément, plongeait le failli et sa famille dans la honte la plus crasse. Après le mariage venaient les enfants. Alors, l'année suivante, ma mère a donné naissance à l'aîné de la famille, puis à un deuxième enfant et à un troisième. Finalement, en 1971, ce fut mon tour. Mes parents décidèrent alors qu'avoir quatre enfants était suffisant. Pendant qu'ils fondaient leur famille, tout en travaillant, ils faisaient partie de la clientèle locative et vivaient donc dans un logement. Par la suite, au cours de la période où on compte l'âge du dernier en mois, ils ont finalement acheté leur première maison. Donc, pendant environ 10 ans, mes parents ont été d'excellents locataires. Par peur de déranger, par respect du bien d'autrui et n'osant rien demander au propriétaire, ils ont pris grand soin de leur logement, toujours propre et rangé. Et, le summum, chaque mois, oui, chaque mois, ils payaient, rubis sur l'ongle ! Autre temps, autres mœurs !

Par expérience, je peux vous confirmer qu'ultimement, le propriétaire d'un immeuble résidentiel à revenus sera toujours responsable des problèmes financiers de ses locataires, dans la mesure où les paiements de loyers qui lui sont dus ne lui seront pas toujours versés. Ce sera à mon avis de plus en plus « Louez maintenant et ne payez... »

L'AUGMENTATION DE L'ACCESSION À LA PROPRIÉTÉ CONTRIBUE À LA MORT DES « BLOCS »

Selon les résultats du recensement de 2006 publiés par Statistique Canada, 68,4 % des ménages canadiens étaient propriétaires de leur logement. Au Québec, les gens détenant les titres de propriété de leur toit ne représentaient que 60,1 % de la population, ce qui classait la Belle Province, pour l'ensemble des provinces et territoires du Canada... au dernier rang ! En fait, avec une proportion de 60 % de propriétaires, nous détenons en 2010, au Québec, le même pourcentage qu'avait le Canada dans les années 1960 et 1970[110].

Considérant l'engouement des gens pour la propriété, jumelé aux facilités pour obtenir le financement (même si les règles se sont légèrement resserrées), il est évident à mon esprit que devenir propriétaire est une tendance de fond. D'ailleurs, le même rapport mentionnait que « [...] la proportion de locataires a diminué de 7,6 % entre 2001 et 2006[111] ».

En y réfléchissant un peu, on arrive facilement à la conclusion que ce ne sont certainement pas les locataires à la situation financière fragile qui ont quitté la location pour devenir d'heureux propriétaires. Cela signifie à mon avis que si les plus belles truites ne sont plus dans le bassin, parmi les poissons restants, la proportion de prises de petite taille augmentera. Voilà pourquoi je continue de croire que la pêche est un beau sport, mais qu'il faut accepter de pêcher une autre espèce qui se trouve dans d'autres cours d'eau. L'immobilier sélectif (voir le chapitre 9), oui, plus que jamais. Les « blocs »? Non merci.

Un autre éclairage nous vient de la Corporation des propriétaires immobiliers du Québec (CORPIQ). Selon cet organisme, bien au fait du marché du logement locatif, c'est également au Québec que les logements sont les plus abordables par rapport aux revenus gagnés. Parallèlement, le parc immobilier au Québec vieillit et selon le recensement de 2006 publié par Statistique Canada. En fait, 35 % des logements auraient besoin de travaux de mise à niveau. Comme la Régie du logement limite les augmentations de loyer à 3,50 $ par tranche de 1000 $ d'investissement[112], la situation risque de continuer de se détériorer. En effet, la période d'amortissement du coût des investissements est actuellement beaucoup trop longue, soit de 23,8 années ((3,50 $ / mois x 12)= 42 $ par année, alors 1000 $ divisé par 42 $), pour inciter les propriétaires à investir dans des travaux de rénovation.

La pression cependant s'accentuera afin d'obtenir des assouplissements législatifs, permettant de rénover puis de récupérer l'argent investi par des augmentations de loyer conséquentes. Devant le vieillissement du parc immobilier locatif résidentiel au Québec, deux scénarios sont envisageables. Cependant, dans les deux cas, ce sera encore... la mort des « blocs ».

Premier scénario

Le *statu quo*. Rien ne change. Le gouvernement est dans ce scénario, trop occupé à « gérer » ses déficits successifs ainsi que l'explosion de la dette pour se pencher sur le dossier du vieillissement du parc immobilier au Québec. La Régie du logement poursuit ainsi l'application rigoureuse de ses politiques, limitant les augmentations de loyer. C'est par ailleurs en Mauricie que le prix moyen d'un loyer est le plus bas, et ce, pour l'ensemble du Canada, à seulement 505 $ mensuellement pour un 4 ½, ce qui est inférieur de 300 $ à la moyenne canadienne[113].

La période de récupération des capitaux investis dans la rénovation des immeubles locatifs demeure aussi longue, soit près de 24 ans. Le parc immobilier continue sa lente détérioration. Au fil du temps, de plus en plus de reportages sensationnalistes de locataires réduits à vivre dans des conditions abjectes inondent les ondes. Dans ces circonstances, il est inévitable que le transfert de la clientèle locative ayant un bon dossier de crédit vers la propriété se poursuivra.

Le maintien du *statu quo* aura cependant l'avantage de favoriser un rattrapage de la proportion des propriétaires québécois, pour se rapprocher progressivement du taux canadien. Évidemment, cela se fera aux dépens des propriétaires d'immeubles locatifs résidentiels qui perdront ainsi une partie de la clientèle locative possédant une qualité de plus en plus rare : la solvabilité.

Deuxième scénario

Des assouplissements et même le changement de certaines lois et certains règlements actuels favorisent le réinvestissement chez les propriétaires d'immeubles locatifs résidentiels. Des travaux de rénovation sont effectués. Le parc immobilier locatif résidentiel au Québec est ainsi remis à niveau. Les propriétaires injectent des sommes considérables dans la rénovation de leurs propriétés. Étant maintenant en mesure de récupérer plus rapidement les capitaux investis, ils augmentent d'autant le prix de leurs logements. Le résulat est le même que précédemment : une partie de la clientèle locative, devant les augmentations de loyers successives, est incitée à faire le saut et à acquérir une propriété. Cela nous ramènera éventuellement aussi vers la moyenne canadienne, à moins que cette dernière ne poursuive sa progression.

Selon la théorie des vases communicants, ce qui se passe aux États-Unis a des répercussions de ce côté-ci de la frontière. En 2009, il y avait aux États-Unis 36 millions de ménages[114] qui payaient un loyer au propriétaire de leur immeuble. À cause d'une correction à la baisse des prix des propriétés, mais surtout en raison de la chute des taux d'intérêt, avec un revenu annuel de 45 000 $, il devient possible d'accéder à la propriété. Plus de 28 % des locataires gagnent un revenu supérieur à 50 000 $, ce qui représente 10 millions de ménages. Dans l'éventualité, très plausible, où seulement 5 % de ce groupe acquérrait une propriété, cela représenterait précisément une année entière de mise en chantier de logements neufs[115]. Cela donne une image claire de l'extraordinaire force d'attraction que représentent, en 2010, les facteurs présentés plus haut qui favorisent l'accession à la propriété.

Voici d'ailleurs des données très intéressantes quant à l'accession à la propriété au Canada. Bien sûr, on comprendra que plus la proportion du revenu brut qu'un ménage doit consacrer aux coûts d'un logement est faible et plus l'accession à la propriété est élevée. Selon les derniers chiffres disponibles, pour acquérir un bungalow, un ménage devra en moyenne y consacrer 74,8 % de ses revenus avant impôts à Vancouver, 53,3 % à Toronto, 47,3 % à Calgary, 43,3 % à Ottawa et « seulement » 40,4 % à Montréal. À l'échelle du Québec, cette proportion tombe même à 35,3 %. On voit aisément que l'accession à la propriété est, et de loin, supérieure au Québec que dans n'importe quelle grande ville canadienne. Alors, comme on l'entend souvent, pourquoi rester locataire et continuer de « payer dans le vide »?

Voici une autre hypothèse qui confirme l'augmentation de l'accession à la propriété et, encore une fois, la mort des « blocs ». Aux États-Unis, les intérêts hypothécaires sur une résidence personnelle sont à 100 % déductibles d'impôts. Les gens empruntent sur le capital de leur propriété, ce qui favorise la consommation. En France, le crédit d'impôt admissible lors de la première année d'acquisition est passé de 20 % à 40 %[116]. Est-ce qu'au Québec une mesure fiscale de la sorte pourrait voir le jour éventuellement? Dans cette éventualité probable, où une partie ou même la totalité des intérêts payés sur un prêt hypothécaire pour une résidence privée serait admissible à une réduction de notre fardeau fiscal, cela représenterait, à mon avis, l'ultime incitatif, pour la clientèle locative, à devenir propriétaire. Cette mesure aiderait à soutenir la consommation, en commençant par la vente de résidences, mais accélérerait également... la mort des « blocs ».

Malgré l'endettement des gouvernements qui peuvent difficilement réduire les impôts, de quelque façon que ce soit, cette idée de défiscaliser les intérêts sur les hypothèques liées aux résidences privées n'est pas si farfelue. En effet, en plus de soutenir l'économie, cette mesure me semble la suite logique d'un processus facilitant l'accession à la propriété entrepris depuis longtemps. Lorsque j'ai acheté ma première propriété, en 1989, j'ai dû verser une mise de fond de 25 % du prix d'achat. Les options de financement à l'époque étaient limitées et très peu connues.

Quand je regarde l'évolution du financement depuis la fondation de la Société canadienne d'hypothèques et de logement (SCHL) après la Seconde Guerre mondiale, dont le but était de reloger les anciens combattants à leur retour du front, je constate que, depuis, les produits facilitant l'accession à la propriété n'ont cessé de se succéder. Plus récemment, les assureurs hypothécaires privés ont fait leur apparition au Canada. Puis, pour ceux qui peinaient tout de même à amasser le 5 % nécessaire, il y eut l'arrivée, en 2004, du financement « sans mise de fonds ».

Sachant que l'immobilier est un des grands piliers de l'économie, que les fonds de retraite s'épuisent, les gouvernements devront, afin de préserver l'ordre social et de maintenir l'accession à la propriété, passer à la prochaine étape, soit la défiscalisation des intérêts hypothécaires. Enfin, nous verrons.

L'EXPLOSION ANNONCÉE DES COÛTS ÉNERGÉTIQUES DIMINUERA LE RENDEMENT DES « BLOCS »

L'augmentation soutenue des coûts énergétiques, en raison de son importance et de ses nombreux impacts sur l'immobilier, fera l'objet d'un chapitre entier de ce livre (voir le chapitre 7). Cependant, j'aimerais préciser, à ce stade, deux impacts majeurs qu'aura la montée des prix de l'énergie sur le rendement des immeubles locatifs résidentiels.

Des revenus locatifs encore plus fragiles

Bien entendu, l'argent dépensé en énergie par les locataires ne peut servir ailleurs. Ce poste de dépenses, comprenant l'électricité, l'essence et parfois le mazout ou le gaz naturel, viendra donc à son tour fragiliser la situation financière d'une partie de la clientèle locative. En 2008, l'augmentation moyenne de 15 % du coût de l'essence par rapport à 2007 nous en a donné un avant-goût. Il n'en demeure pas moins que cela représente 1,5 milliard de plus en dépenses pour l'essence[117]. « Dans la ville de Limbourg, aux Pays-Bas, une famille sur trois paie son mazout en retard[118]... » Pour que les consommateurs puissent faire leurs paiements, certaines institutions financières, dont Citibank, offrent maintenant un prêt, d'un montant maximum de 3 500 $[119], spécialement pour assumer les coûts de l'énergie...

Des coûts supplémentaires qui réduiront le rendement des « blocs »

Toutes les dépenses d'exploitation des immeubles suivront l'augmentation des coûts de l'énergie. Il en coûtera ainsi plus cher aux propriétaires pour chauffer et éclairer les espaces communs. Les frais de déneigement seront plus élevés, de même que ceux de l'entretien en général. Les fournisseurs de services ne manqueront pas de mentionner qu'ils ont été obligés de majorer leurs tarifs pour assumer leurs propres augmentations de dépenses en énergie. Il sera possible de refiler une partie de ces augmentations aux locataires, mais il est évident que les propriétaires devront également apporter leur contribution... et sacrifier une partie de leur rendement.

Malgré tout ce qui précède, il est possible d'affirmer qu'il y a encore de l'espoir pour les « blocs ». Tout n'est pas totalement noir pour l'ensemble des types de propriétés que compte ce segment immobilier. Cela est particulièrement vrai en ce qui concerne les propriétaires-occupants. Ces derniers s'en tireront mieux, car la portion habitée par le propriétaire réduit d'autant la portion « investisseur ». Les propriétaires-occupants sont également en première ligne pour constater ce qui se passe dans leur « bloc ». Vivre parmi ses locataires permet de voir venir les problèmes mais, malheureusement, ne donne pas plus de pouvoir pour les régler! Les immeubles de moyenne gamme et surtout de bas de gamme seront, quant à eux, définitivement à éviter. Nous verrons tout cela plus en détail tout au long des deux prochains chapitres.

CHAPITRE 3

LES DIX SEGMENTS DE MARCHÉ D'AVENIR EN IMMOBILIER

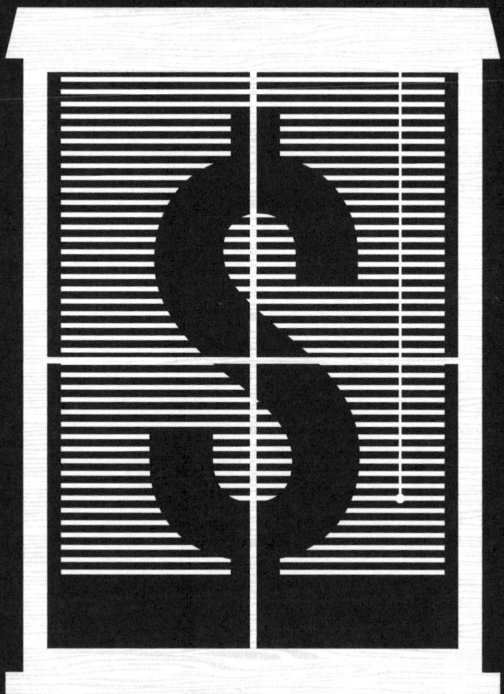

Le monde de l'immobilier comprend beaucoup plus que les seuls immeubles locatifs résidentiels. Vous savez aussi que dans le segment des immeubles, seulement le sous-segment représenté par les logements haut de gamme et détenus par des propriétaires prêts à les gérer comme s'il s'agissait d'hôtels, c'est-à-dire en offrant une gamme de services, et ce, sans délais, pourra survivre aux turbulences annoncées. En somme, il s'agit d'un sous-segment avec des limites claires à l'intérieur desquelles, personnellement, je me sens à l'étroit. Cependant, tout n'est pas perdu, au contraire! Alors, restons positifs, créatifs et ouverts aux nombreuses autres possibilités d'investissement immobilier que je vous présenterai dans les pages qui suivent.

Dans les sections suivantes, nous verrons ensemble 10 choix de segments immobiliers sécuritaires qui devraient offrir, dans les années à venir, d'excellentes promesses de rendement. Voilà qui devrait suffire à vous faire oublier les immeubles de milieu et de bas de gamme ou même ceux haut de gamme où les locataires, en droit d'exiger un service incomparable, ce qu'ils ne se priveront pas de faire, seraient laissés à eux-mêmes par des propriétaires appartenant encore à l'ancienne garde. Avant d'aller plus loin, voici les cinq variables à la base de ma démarche d'analyse, qui influencent directement les segments de l'immobilier :

1. La formation des ménages, la croissance et les changements démographiques.
2. Le revenu familial disponible découlant de la stabilité et de la force de l'économie.
3. Les taux d'intérêt et les facilités d'accès au crédit.
4. La demande pour un segment de marché immobilier,

ainsi que le secteur où se trouve la propriété, et ce, selon l'évolution du besoin en matière d'espace.

5. Le *timing* de l'investissement.

LES RÉSIDENCES BIGÉNÉRATIONNELLES ET INTERGÉNÉRATIONNELLES

Voici un premier segment de marché porteur. Après les résidences bigénérationnelles, voilà les intergénérationnelles ! Ce type d'habitation découle des besoins d'habitation des gens qualifiés de *sandwich*. Ceux-ci se retrouvent responsables ou doivent s'occuper de leurs parents âgés alors que leurs enfants n'ont pas encore quitté le douillet nid familial. Il s'agit en réalité d'une résidence bigénérationnelle où l'unité principale est occupée par le couple propriétaire et ses grands enfants. Selon un article de la revue *Affaires Plus*, en raison du vieillissement de la population, d'une part, et, d'autre part, de la tendance des enfants à retarder de plus en plus leur envol, « les maisons intergénérationnelles se multiplieront dans l'avenir [...][120] ». Je suis d'accord.

Voyant cette mouvance, les gouvernements provinciaux et fédéraux ont mis en place des crédits d'impôt pour ceux qui hébergent un parent âgé de 70 ans et plus (60 ans si la personne est handicapée). La somme allouée par le gouvernement du Québec est de 581 $ par année. Dans le cas où la personne hébergée bénéficie d'un revenu inférieur à 21 135 $, un crédit supplémentaire de 476 $ du gouvernement provincial s'ajoute. Au fédéral, lorsque le parent âgé gagne annuellement moins de 18 534 $, le crédit d'impôt peut alors s'élever jusqu'à 4 198 $. Bref, les encouragements fiscaux existent, mais comme vous venez de le constater, l'objectif n'est pas de réduire ses impôts, mais bien de prendre soin d'un membre de la famille !

Il est bon de souligner un autre effort d'adaptation de la part des gouvernements à ces nouvelles réalités démographiques. En ce sens, les gouvernements provinciaux et municipaux ont assoupli certaines réglementations et voté de nouveaux décrets permettant de construire des résidences ou de modifier des unités existantes pour les convertir en unités intergénérationnelles. Dans le cas du gouvernement du Québec, déjà en 1998[121], la Loi de l'aménagement et de l'urbanisme a été modifiée afin de permettre l'ajout d'un logement à une résidence unifamiliale ou la construction de maisons intergénérationnelles. De plus, 65 %[122] des municipalités au Québec ont, à ce jour, modifié ou ajusté leur zonage résidentiel afin de permettre les accommodements requis par les résidences intergénérationnelles.

La municipalité de Blainville est un bel exemple au Québec. Depuis 1998[123], un crédit de taxes foncières de trois ans y est offert afin d'aider les gens qui le désirent à transformer leur propriété unifamiliale en résidence intergénérationnelle. Il est tout à son honneur de non seulement permettre de telles résidences, mais d'aller encore plus loin en encourageant, par des mesures fiscales incitatives, la transformation des résidences, et ce, depuis douze ans.

L'adaptation de grandes propriétés (3 000 pieds carrés et plus environ) en résidences intergénérationnelles permettra de donner un second souffle à ce segment de marché qui, autrement, comme nous le verrons au chapitre suivant, serait un investissement plus risqué.

LES RÉSIDENCES POUR PERSONNES ÂGÉES OFFRANT DES SERVICES ET DES SOINS AUX BÉNÉFICIAIRES MALADES ET EN PERTE D'AUTONOMIE

Les rapports publiés par Statistique Canada mentionnent clairement que, malgré une immigration et un taux de natalité en hausse ces dernières années, le vieillissement de la population est inéluctable[124]. Toujours selon Statistique Canada, au Québec seulement, 600 000 personnes âgées de 65 ans et plus viendront grossir les rangs de cette cohorte[125]. En 2020, selon l'Institut de la statistique du Québec, ce groupe aura doublé par rapport à ce qu'il était en 2005[126]. L'auteur David Foot écrivait dans son ouvrage *Entre le boom et l'écho 2000* : « Le vieillissement de la population créera également des débouchés pour les promoteurs immobiliers, même si la grande croissance ne commencera pas avant 2010, quand les premiers *baby-boomers* atteindront la soixantaine.[127]» Voilà, nous y sommes !

Le vieillissement de la population représente une transformation démographique sans précédent. Des occasions d'investissement immobilier apparaissent, comme nous venons de le voir, pour les résidences bigénérationnelles et intergénérationnelles. Il en ira de même pour les résidences secondaires, comme nous le verrons plus loin. C'est également dans cette lignée que s'inscrit une offre d'habitation haut de gamme à une clientèle en perte d'autonomie, dans ce segment de marché prometteur qui a trait aux résidences pour personnes âgées avec services.

Le segment des résidences pour personnes âgées, qui est très large et recèle de nombreux pièges, sera un défi de taille pour l'investisseur immobilier désirant obtenir à la fois succès et rendement élevé. Je m'explique. Ceux qui choisiront ce type d'immobilier devront d'abord investir presque sans compter afin d'offrir des unités haut de gamme. Cet aspect seul ne sera pas suffisant! Au luxe et au bon goût, l'offre devra comporter un large éventail de services qui en feront partie intégrante. Au bout du compte, ce segment se rapprochera davantage d'un chic hôtel. Le Wellesley à Pointe-Claire[128] en est un exemple. Finalement, la clientèle âgée visée sera principalement composée de gens malades ou en perte d'autonomie.

Il est évident que plusieurs propriétaires actuels de résidences pour personnes âgées plus standards devront investir des sommes importantes à court ou à moyen terme. Leur survie sera modulée en fonction de leur capacité à investir afin d'adapter leur offre. Les nouvelles normes exigées par les gouvernements sont l'objectif à atteindre pour finalement offrir des services ainsi que des unités spécialisées aux personnes en perte d'autonomie ou malades, telles que celles atteintes de la maladie d'Alzheimer.

LES TERRES À BOIS

Voilà un autre segment très prometteur qui offre un excellent potentiel de rendement et certaines sources de revenus étonnantes. Contrairement aux « blocs », dont la construction n'exige que peu de terrain puisqu'ils sont érigés à la verticale et qu'ils comportent des appartements qui offrent à leurs occupants un espace limité, les terres à bois sont un segment de l'immobilier où l'espace est roi. Il s'agit d'un premier segment de ce que j'appelle « l'immobilier horizontal ».

La forêt a encore parfois mauvaise réputation, car fréquemment les gens confondent industries des pâtes et papiers et du bois d'œuvre avec la valeur tangible que représentent les terres à bois. Ce lien a son fondement, car jusqu'à maintenant, hormis le bois de chauffage, ce sont essentiellement les deux industries précitées qui accaparaient la production de bois de la province. Cependant, les « usages » ainsi que les sources de revenus potentiels sont en voie de se diversifier.

La perte de popularité « apparente » des terres à bois est en partie liée à l'augmentation de la valeur de notre dollar, ce qui était prévisible. Toutefois, qui s'en souciait pendant que le Canada exportait son bois et son papier, dopés artificiellement par une monnaie faible? D'ailleurs, les industries et l'économie elle-même sont à l'image de l'être humain qui les a créées : pourquoi se préparer au pire lorsque tout va bien? La réalité nous a rattrapés et les intervenants de ces secteurs se disent surpris. C'est en période de crise que les solutions naissent... et que les *deals* apparaissent!

Pour ces raisons, le segment des terres à bois au Québec est en mutation. Sous ce marasme apparent se cachent de nombreuses possibilités qui feront renaître la demande pour ce segment de marché. Pas seulement pour la matière première, le bois, mais aussi pour le fond de terre. C'est à mon avis une certitude. D'ailleurs, un article de *L'actualité* paru en avril 2008 mentionnait : « D'ici 20 ans, les papetières seront devenues des bioraffineries, qui produiront, en plus du papier, des biocarburants, des polymères, des médicaments et divers sous-produits servant à la fabrication de pneus, de cosmétiques, de pièces autos, alouette[129]! ». Enthousiasmant, non?

Voyons tout cela de plus près. L'offre de terres à bois au Québec, ou si vous préférez, la superficie de l'ensemble de la forêt québécoise, est de 750 000 km^2. Cela représente 20 % des forêts canadiennes et 2 % de la forêt mondiale. Fait à noter : 90 % de la forêt au Québec est de propriété publique[130]. Précisément, 11 % de la forêt québécoise est privée et de celle-ci, une terre à bois sur dix appartient à une compagnie forestière[131]. C'est donc 675 000 km^2 (750 000km^2 x 90 %) qui sont soustraits du marché des transactions. L'offre réelle, sur laquelle il est possible de transiger pour les investisseurs immobiliers québécois et étrangers, n'est ainsi que de 75 000 km^2 (750 000 km^2 x 10 %). Seulement pour la région du Centre-du-Québec, 97 % du couvert forestier est de propriété privée et est réparti entre 9 500 propriétaires[132].

Afin d'imager la situation de ce segment de marché immobilier, prenons l'exemple d'une terre à bois moyenne au Québec mesurant environ 40 arpents ou 136 760 m^2 (40 x 3 419 m^2). Prenons ensuite simplement la superficie des terres à bois privées au Québec, soit 75 000 km^2 que, aux fins de l'exercice, nous pouvons répartir en lots moyens. Nous obtiendrions ainsi 548 405 lots de 40 arpents (75 000 km^2 x 1 million de mètres carrés (1 km^2 étant 1 000 m x 1 000 m) / 136 760 m^2). Bien sûr, certains propriétaires de terres à bois considéreront que, pour leurs besoins ou de simples fins d'investissement, 40 arpents est une superficie insuffisante et en acquérront 80 arpents, 400 arpents ou plus, réduisant d'autant le nombre de lots disponibles.

En 2010, un prix acceptable est d'environ 1 000 $ l'arpent, ce qui est trois fois moins cher que la terre cultivable couramment appelée « terre faite ». La valeur d'un lot de terre à bois zoné vert (protégé et sans droit de construction fixe) peut s'élever ainsi à environ 40 000 $. De cette façon, nous pouvons estimer la valeur de l'ensemble de ce segment de marché, pour le Québec, à environ 21,5 milliards de dollars (538 405 lots x 40 000 $). Actuellement, il y a 130 000 propriétaires québécois de lots boisés dont 40 000 font la vente de bois[133], sous une forme ou une autre.

Un fait encore méconnu, qui place l'investisseur immobilier intéressé par le segment des terres à bois aux antipodes du bûcheron armé d'une hache, est qu'au Canada, nous avons le plus grand centre de recherche forestier sans but lucratif au monde. Plus de 650[134] chercheurs et techniciens y travaillent, laissant entrevoir, entre autres, les possibilités immenses qu'offrent les nanocelluloses cristallines ou NCC. Il s'agit en fait de la cellulose de bois, que nous connaissons déjà, mais réduite à de fines particules. Ces dernières offrent des avancées spectaculaires et des applications aussi variées qu'étonnantes : renforcement des polymères des voitures, nouvelles teintes de produits de beauté, etc.

Le potentiel de rendement et la valeur économique de ce segment sont énormes. Les sources de revenus sont plus diversifiées ou en voie de le devenir que simplement le fond de terre... et le bois ! Ce que l'on connaît actuellement est le prix de la tonne de pâte de bois qui se vend environ 800 dollars. Les nanocelluloses cristallines se vendront, selon certains spécialistes, jusqu'à 1 000 fois plus cher[135] Jean Bouchard, chimiste principal du dossier de la nanocellulose cristalline à Paprican affirmait même en avril 2008, en entrevue à *L'actualité* : « Les NCC ont également le potentiel pour s'imposer comme la substance révolutionnaire qui remplacera le pétrole brut.[136] » Dans le même numéro, un autre article mentionnait que « [...] la cellulose, tirée du bois, offre un meilleur rendement énergétique que les biocarburants de première génération à base de canne à sucre ou de maïs, comme l'éthanol[137] ». On reconnaît même à l'écorce de l'arbre des propriétés pharmaceutiques. Vous ne verrez plus jamais les arbres de la même façon, croyez-moi !

Alors que Daewoo de la Corée du Sud achète des terres par l'intermédiaire de sa filiale agricole, Toyota envisage de son côté de se lancer dans la construction de maisons usinées. Jean-Benoît Nadeau, de *L'actualité*, écrivait en 2008 : « On verra bientôt des sociétés étrangères produire 20 000, 30 000 maisons et acheter de 10 % à 20 % du bois québécois[138]. » Pour sa part, Michel Vincent, directeur, économie de marché et commerce international au Conseil de l'industrie forestière du Québec affirmait : « Ce potentiel de maisons ainsi que la rareté du bois de sciage devraient créer une situation explosive pour les prix[139]. »

À cela s'ajoute la morosité qui touche les mises en chantier aux États-Unis. Une situation qui ne peut que s'améliorer puisqu'en juillet 2008, il n'y a eu que 965 000 unités construites, le niveau le plus bas depuis 1991, comparativement à un niveau normal qui se situe entre 1,5 et 1,8 million d'unités par année[140]. Difficile de se tromper lorsque l'on investit au plus creux de la vague.

Pendant que l'industrie forestière se meurt, « [...] la valeur des lots boisés a doublé en trois ans sous l'influence des *baby-boomers* en quête d'un petit coin de paradis[141] ». Au-delà de toutes les sources de revenus, actuelles et futures, qu'il est possible de tirer du bois lui-même, le fond de terre, pour sa part, voit sa valeur augmenter deux fois plus rapidement que la forêt[142].

Selon Harry Haney, professeur de gestion forestière à la Virginia Polytechnic Institute and State University, la valeur de l'investissement, dans un lot à bois, tout en étant un placement sûr, offre une augmentation de 8 %[143]. Tout pour que les prix des terres à bois montent en flèche !

Une dernière source de revenus en voie d'être mise en place est la bourse du carbone. Les forêts sont des puits naturels de captation de ce gaz à effet de serre. Afin d'équilibrer le marché du carbone, les émetteurs devront bientôt faire affaire avec les « capteurs », dont font partie, souvent sans même le savoir, les propriétaires de terres à bois.

La création du marché du carbone est proche. Le ministère du Développement durable promet un coup de barre pour 2012, date à laquelle toutes les usines émettant 10 000 tonnes de CO_2 et plus seront tenues de déclarer leurs émissions[144]. L'ancienne limite était 10 fois plus élevée, soit 100 000 tonnes !

Un registre contenant les émissions des entreprises au Québec existe depuis 1990. Les gouvernements du Québec et de l'Ontario discutent en ce moment afin de mettre en place des systèmes simplifiés et reposants sur des bases communes[145]. Les États-Unis, sous la gouverne du président Obama, songent même à imposer une taxe à l'importation sur les produits en provenance de pays qui ne respecteraient pas les normes d'émission de carbone[146]. En septembre 2009, dans le journal *Les Affaires*, on pouvait lire : « Les analystes de l'industrie voient les crédits d'émissions de gaz à effet de serre comme le plus grand marché de denrées au monde[147]. » Les propriétaires de lots boisés, dont je suis, seront très heureux de leur investissement !

LES TERRAINS RÉSIDENTIELS

Les terrains zonés blanc, ce qui signifie que la construction résidentielle y est permise, sont un autre exemple d'un segment de l'immobilier horizontal qui offre un très fort potentiel de rendement sur l'investissement. L'augmentation démographique du Québec jumelée à l'accroissement du nombre de personnes seules rendront nécessaire un nombre plus élevé d'espaces pour la construction d'unités d'habitation. D'autres changements sociodémographiques contribuent également à pousser la demande d'espace. Par exemple, il est maintenant courant pour une femme célibataire et vivant seule d'acheter une propriété, tout comme les couples qui font « maison à part ». Ce sont autant de phénomènes sociaux exigeant plus de terrains.

Comme il a été mentionné au second chapitre, deux scénarios possibles causeront la mort des « blocs » en favorisant, dans un cas comme dans l'autre, l'accession à la propriété. La demande d'espaces construisibles augmentera. Le Québec pourra ainsi, en ce qui a trait au pourcentage de propriétaires, réduire son écart avec les autres provinces. Chaque locataire qui vient grossir les rangs des détenteurs de titres de propriétés, en comblant ce besoin viscéral de posséder son toit, favorise lui-même ou par un effet de domino, l'augmentation de la demande de terrains résidentiels.

En terminant, il existe une tendance de fond qui prend de l'ampleur un peu partout autour du globe : le regroupement en enclaves résidentielles protégées[148]. Les gens ne se contentent plus d'acheter un terrain, ils désirent également contrôler l'accès au lieu et se protéger tout en s'assurant d'une certaine homogénéité des types de constructions permises et du voisinage immédiat.

LES TERRES AGRICOLES

Nous avons déjà mentionné au premier chapitre que la demande mondiale pour les denrées alimentaires et le biocarburant est en expansion alors que les sols arables s'amenuisent. Ce déséquilibre grandissant entre l'offre et la demande portera les prix des terres agricoles au cours des 15 prochaines années vers des sommets qui donneront le vertige.

Déjà, en 2007, dans l'État de l'Illinois, une superficie de production de maïs et de soya a été vendue 10 000 $ US l'acre (4 047 m^2)[149], ce qui revient à environ 2,47 $ / m^2. Plus près de chez-nous, en 2010, dans la région du Centre-du-Québec et en Mauricie, les terres agricoles se vendent approximativement 3 000 $ l'arpent (3 419 m^2) soit 0,88 $ / m^2 (3 000 $/ 3 419 m^2). C'est environ trois fois moins cher que dans certains États américains. Il y a donc tout lieu de croire à un rattrapage des prix, et ce, à l'intérieur d'une période de hausse des valeurs, et tout au long du prochain cycle de 15 ans.

LES ÉRABLIÈRES

L'immobilier horizontal aura la cote. Les érablières représentent un autre créneau de ce fantastique regroupement de segments immobiliers qui fait appel à l'espace. D'abord, puisqu'il s'agit en réalité d'une terre à bois dont l'essence arboricole principale est l'érable à sucre, le propriétaire d'une érablière pourra bénéficier du marché des nanotechnologies ainsi que de celui de la bourse du carbone. Un net avantage à court terme de ce segment est qu'il peut générer des revenus, par la production et la vente de produits de l'érable, permettant de financer plus facilement son acquisition.

Ce segment est aussi très recherché par la clientèle des *baby-boomers* qui utilisent parfois leur cabane à sucre comme chalet et aiment y organiser leurs retrouvailles familiales. Le « temps des sucres » ne dure environ que deux semaines au printemps. Certains investisseurs pourront également décider de louer leur érablière à un producteur.

LES RÉSIDENCES ÉCOÉNERGÉTIQUES

Comme leur nom l'indique, les résidences écoénergétiques ne sont pas seulement moins énergivores, elles sont également pensées et conçues de façon que leur empreinte environnementale soit la plus réduite possible, et ce, tant à l'étape de la construction que durant son utilisation puis à la fin de son cycle de vie, lors de la disposition des matériaux et des composantes.

En raison de la tendance lourde de l'augmentation des prix des énergies, de plus en plus de gens seront désireux d'adopter une stratégie défensive plus... énergique ! Pour ce faire, il est possible d'augmenter l'isolation, mais surtout, d'éliminer les pertes de chaleur en améliorant l'étanchéité de l'habitation. Lors de la conception, par exemple, les architectes, simplement en augmentant le nombre de fenêtres orientées plein sud, permettent ainsi de combler entre 35 % et 40 % des besoins de chauffage[150]. L'éclairage naturel est également favorisé. L'ajout de minuteries et même de systèmes intelligents de gestion des appareils électriques, des électroménagers — déjà moins énergivores (homologués *Energy Star*) —, du chauffage et de l'éclairage, sont autant de moyens qui permettent des économies d'énergie.

Ces résidences écoénergétiques sont souvent dotées d'un système de géothermie relié à des planchers de béton radiants, assurant un chauffage confortable et efficace. On peut penser, au niveau de l'approvisionnement énergétique, aux capteurs solaires sur le toit et aux éoliennes. Les résidences écoénergétiques font appel également aux écrans végétaux, soit pour tempérer l'habitation en été par l'utilisation de feuillus, soit pour bloquer les vents dominants en hiver en procédant à la plantation de conifères du côté nord.

Selon Andreas Athientis, chercheur à l'Université Concordia, entre 2015 et 2020, il sera possible d'intégrer toutes ces idées et les différentes technologies afin de construire des habitations à « consommation énergétique zéro[151] », et ce, à un coût acceptable. Les Développements ÉcoCité à Montréal sont un exemple où les unités se détaillaient en 2009 entre 160 000 $ et 490 000 $ pour une habitation allant de 650 à 1 700 pieds carrés[152].

La gestion de l'eau est bien sûr elle aussi prise en compte. À ce titre, les résidences écoénergétiques en consomment beaucoup moins, sans compter qu'une partie de l'eau peut être réutilisée. En effet, de plus en plus fréquemment, un système de récupération des eaux grises, provenant du bain, de la douche, de la laveuse ou résultant du lavage de la vaisselle par exemple, est installé au sous-sol. Au lieu de simplement rejeter cette eau, une fois filtrée, elle peut alors à nouveau servir à alimenter le réservoir de la toilette. Cette dernière peut compter sur un système à double chasse d'eau, dotée d'un débit réduit. À ces économies d'eau s'ajoute un système de captation des eaux de pluie, que, par bonheur, un nombre grandissant de gens installent déjà à leur domicile. L'utilisation de l'eau de pluie pour laver la voiture ou arroser le jardin et les plates-bandes est un incontournable lorsqu'il s'agit d'une résidence écoénergétique.

Cette philosophie, dont le but est de réduire continuellement l'impact sur l'environnement tout en économisant, se répercute bien entendu dans le domaine du transport des matériaux. Les constructeurs d'écorésidences tiennent compte, lorsque sont comptabilisés les impacts environnementaux servant à déterminer l'empreinte écologique d'une unité construite, de l'énergie nécessaire à la fabrication, à la transformation et au transport des matériaux.

Dernier point : en raison de la popularité grandissante de ce segment de marché, des constructeurs et des propriétaires se regroupent en associations ou forment des écovillages. La sauvegarde et la protection de l'environnement deviennent un mode de vie. Les projets immobiliers devront en tenir compte.

L'IMMOBILIER FRACTIONNÉ

L'immobilier fractionné représente un segment du marché immobilier encore méconnu de ce côté-ci de l'océan Atlantique, mais déjà populaire en Europe, où les prix élevés ont amené les investisseurs immobiliers à faire montre de plus de créativité et de flexibilité. Au Canada, l'augmentation de la valeur des propriétés poussera certains acheteurs québécois à se regrouper afin de devenir, chacun, détenteur d'une fraction d'une propriété. Un créneau porteur, particulièrement pour les segments de luxe, tels que les résidences secondaires haut de gamme.

L'immobilier fractionné augmente l'accessibilité à un éventail de propriétés qui autrement demeureraient hors de prix. En achetant en groupe, l'investisseur obtient une fraction d'un bien immobilier. À ne pas confondre avec le *time-sharing* qui permet une utilisation d'un lieu d'hébergement pendant une certaine période de temps (n'exige pas l'achat de propriété)..

Par exemple, un investisseur disposant de 250 000 $ pourrait acheter seul une propriété près d'un cours d'eau. En utilisant l'immobilier fractionné, il forme plutôt un groupe avec, disons, trois autres investisseurs. Ainsi, ensemble, ils acquièrent une spacieuse résidence secondaire. Cette dernière est située directement en bordure d'un lac et dispose d'un quai, d'un spa, d'une table de billard, etc. La valeur de cette propriété atteint un million de dollars. Les propriétaires peuvent ensuite utiliser différents systèmes de partage pour définir la période d'utilisation de chacun. Cela peut aller du tirage au sort jusqu'au consensus, en passant par l'embauche d'une entreprise de gestion qui entretient et loue alors la propriété en modulant le prix, selon les périodes fortes ou normales de l'année. Une convention bien rédigée, signée par les propriétaires, fera le reste.

LES CONDOS

Les investisseurs immobiliers choisissent souvent les condos pour leur flexibilité, en ce sens qu'ils peuvent à tout moment se départir d'une ou de plusieurs unités tout en conservant les autres. C'est effectivement un bel avantage. Le condo est un segment de marché porteur puisqu'il s'adresse principalement à trois clientèles. Cela représente beaucoup de gens qui, étant propriétaires ou locataires, maintiendront la demande pour ce segment au cours du prochain cycle.

Une première clientèle intéressée par l'achat ou la location d'un condo est principalement composée de jeunes au début de la vingtaine. Vivant dans une société de consommation et n'ayant pas besoin d'avoir un conjoint pour quitter le nid familial, les jeunes célibataires, souvent pressés de devenir propriétaires, optent pour le condo. Pour cette clientèle, il s'agit d'une habitation plus abordable et qui exige moins d'entretien. Le condo devient alors une voie d'accès privilégiée menant à la propriété et offre même un certain *standing* à ses occupants...

Ensuite, nous retrouvons les gens un peu plus âgés et qui vivent seuls, par choix ou à la suite d'une rupture. Il s'agit d'un créneau qui, selon Daniel Gill, professeur à l'Institut d'urbanisme de l'Université de Montréal, « [...] augmente à une vitesse incroyable[153] ». En 2006, dans la grande région de Montréal, le nombre de ménages d'une seule personne avait augmenté de 22 %[154]. Les gens seuls privilégient l'achat ou la location de condos dont la superficie varie entre 700 à 900 pieds carrés.

La troisième clientèle favorisant la croissance de la demande du segment des condos est le groupe des *baby-boomers*. Ces derniers, en prenant de l'âge, ont de moins en moins envie de se casser la tête avec les travaux d'entretien. De plus, le condo est perçu comme une habitation sécuritaire. Certains membres de cette cohorte en feront leur résidence permanente. Pour d'autres, désireux de conserver un pied-à-terre en ville, il s'agira d'un complément à leur résidence principale... maintenant à la campagne ! Cette clientèle, disposant aussi de plus de ressources financières et ayant des enfants qui sont maintenant adultes, opte pour des unités un peu plus spacieuses, soit d'environ 1 200 à 1 400 pieds carrés.

En 2008, selon une étude menée par Ad hoc recherche, un acheteur sur cinq s'intéressait à la copropriété. Quatre ans plus tôt (2003), ce ratio était à peine d'une personne sur dix[155]. De son côté, la SCHL nous apprenait qu'en 2008, pour l'ensemble des habitations construites à Montréal, 64 % étaient des condos ! Une proportion encore jamais vue[156]. Évidemment, cette demande soutenue a un effet à la hausse sur les prix. À cet effet, Daniel Gill mentionnait en avril 2009 que le prix des condos de béton serait d'au moins 300 $ le pied carré[157].

LES MAISONS JUMELÉES OU EN RANGÉE

Nous voilà à notre dernier segment d'avenir, soit les maisons jumelées, deux par deux, ou plus nombreuses, appelées maisons en rangée. Ce segment de marché demeurera un bon refuge pour les propriétaires-occupants de ce type d'habitation. À mon sens, il s'agit d'un compromis financier entre le condo et la résidence unifamiliale détachée. La demande devrait poursuivre son développement et assurer de ce fait la valeur de ce segment. La clientèle ciblée demeurera les personnes disposant d'un seul revenu ainsi que les familles dont les obligations financières ne leur permettent pas l'acquisition d'une résidence détachée.

Comme il s'agit d'un créneau intermédiaire, vous aurez déjà compris que le segment des maisons jumelées ou en rangée ne représente aucunement une occasion de placement pour l'investisseur immobilier. Les deux clientèles ciblées appartiennent à la classe moyenne qui, comme nous l'avons vu au chapitre 2, tend à disparaître lentement. Par contre, ce qui permet aux propriétaires-occupants de ce type d'habitation de dormir l'esprit tranquille, pour le prochain cycle du moins, résulte à mon avis d'une réduction des mises en chantier de ce type d'habitation, donc d'une diminution progressive de l'offre.

Je crois que l'augmentation des prix des terrains et des infrastructures fera en sorte que les promoteurs choisiront de répartir le risque entre un plus grand nombre d'unités, ce qui les amènera à construire des ensembles de... condos. Pour vous donner une idée, seulement au cours des dix dernières années, à Mascouche, le prix des services municipaux (aqueduc et égout) est passé de 15 000 à 30 000 $ par terrain desservi. À Laval, selon M. Robert Poirier, directeur des ventes chez Goyette, Duchesne et Lemieux, le « branchement » à ces deux services, en 2009, coûtait 50 000 $[158] !

À ce stade-ci, nous avons pris conscience que planétairement et pour de nombreuses raisons, l'offre d'espace s'amenuise. Simultanément, les besoins de la population mondiale, alimentant la demande de terre, ne cessent de croître. Ces changements créeront des occasions d'investissements immobiliers. Nous venons de faire le survol de dix segments d'avenir. Au-delà de certains types de « blocs » qui seront sous respirateurs artificiels, sept autres segments immobiliers seront également à éviter. C'est ce que je vous propose de voir au chapitre suivant.

CHAPITRE 4

LES HUIT SEGMENTS DE MARCHÉ À ÉVITER EN IMMOBILIER

Nous savons à présent que l'immobilier est composé d'un éventail de segments de marché qui ensemble forment un large secteur d'investissement, un domaine qui ne se limite pas simplement aux « blocs ». Après le survol des dix segments offrant les meilleures perspectives, je vous propose, dans les pages qui suivent, d'analyser cette fois les facteurs de risque qui affecteront négativement la valeur de huit autres segments du marché immobilier qui, de leur côté, perdront de l'altitude... et feront perdre de l'argent à ceux qui s'y seront embourbés.

LES IMMEUBLES LOCATIFS OFFRANT DES APPARTEMENTS BAS OU MILIEU DE GAMME ACCOMPAGNÉS DE SERVICES RÉDUITS OU INEXISTANTS

Je sais, j'ai déjà crevé votre bulle au chapitre 2 lorsque j'ai annoncé la mort imminente des « blocs ». Permettez-moi, pour que les choses soient bien claires, mais aussi parce qu'il s'agit effectivement d'un segment à éviter, de vous offrir ici une courte synthèse.

Primo, la classe moyenne s'effrite. Malheureusement, cela se fait principalement au profit de la classe des plus défavorisés. Cette dernière augmentant et les gens ayant le temps de manifester, le pouvoir d'influence de ces groupes sur les politiques gouvernementales va aller en croissant. Voilà pourquoi, à mon avis, les investissements dans les logements sociaux vont, logiquement, s'accélérer. Cela représentera une concurrence déloyale, disons-le, pour les propriétaires d'immeubles bas de gamme.

Ainsi s'installe le cercle vicieux, comme présenté dans le film *Une fenêtre sur le Pacifique*. Dans ce film, les propriétaires, ayant besoin d'argent, louent un appartement à un locataire difficile qui, une fois installé, s'efforce de causer des problèmes. Les quelques autres locataires quittent rapidemment leur logement. On imagine, ce que le film ne présente pas que d'autres locataires à problème sont venus rejoindre le premier. Pour la suite de l'histoire, le réalisateur a mis l'accent sur les problèmes financiers des propriétaires. N'ayant plus d'argent pour entretenir leur immeuble, ils l'ont laissé se détériorer, tout comme leur santé. Dans ce contexte, impossible pour eux d'offrir des services...

Revenons à la réalité avec quelques données qui pourront aider à vous faire une « tête », comme on dit. Comme ce qui survient chez nous s'est souvent produit avant aux États-Unis, en novembre 2008, un article de *L'actualité* tirait déjà sur la sonnette d'alarme. On pouvait y lire que dans le pays de l'oncle Sam, quatre familles sur cinq appartenant à la classe moyenne n'avaient pas de fonds d'urgence pour faire face à leurs obligations et vivre 90 jours sans revenu[159]. De plus, selon certaines sources, jusqu'à 80 % des gens vivent de paye en paye. Sûrement les mêmes gens qui, malheureusement, survivent dans l'angoisse financière, ne réussissant pas à mettre un sou de côté.

Quant aux logements de milieu de gamme, qui ne sont pas assez bien construits ni assez luxueux et n'offrent pas les services pour plaire à la clientèle plus aisée financièrement, ils ne représentent pas non plus une option d'investissement profitable. Il en est ainsi parce que la proportion de la clientèle locative faisant partie de la classe moyenne s'effrite par le bas. Nous assistons à un glissement d'une partie de la classe moyenne vers la pauvreté. Un résultat malheureux d'aléas économiques, de mauvaises décisions financières, de salaires qui ne suivent pas l'indexation du coût de la vie, d'une surconsommation ou de crocs-en-jambe de la vie qui ont, inévitablement, des répercussions négatives sur les finances. Une autre partie de cette clientèle accède à la propriété. Dans un cas comme dans l'autre, trouver un locataire encore solvable, intéressé à louer un logement plutôt que d'acquérir une propriété sera de plus en plus un tour de force pour les propriétaires d'immeubles standards.

LES BUNGALOWS

Le bungalow, c'est la résidence de l'entre-deux, ni urbaine ni branchée et n'offrant pas non plus la quiétude et les plaisirs des grands espaces. Il a été conçu pour répondre aux besoins en habitation lors de l'arrivée des *baby-boomers* sur le marché du travail, dans les années 1960 et 1970. Il s'agit de constructions qui commencent à prendre de l'âge, parfois un peu démodées qui n'offrent toutefois pas le cachet d'une bonne vieille maison...

Ce segment de marché se maintiendra le temps que les personnes vieillissantes, qui en sont principalement propriétaires, pourront demeurer chez elles. Il s'agit donc d'un créneau dont la valeur se maintiendra pour un temps encore avant de commencer une lente décroissance. Un segment de marché clairement à abandonner avant que le navire commence à prendre l'eau.

LES GRANDES PROPRIÉTÉS... URBAINES

Les propriétés de 3 000 pieds carrés et plus situées en milieu urbain représentent aussi un segment de marché en perte de vitesse, particulièrement depuis la montée des prix des résidences. Car pour la première décennie des années 2000, cette augmentation des prix des maisons au Québec a été de 8,75 % par année en moyenne[160] . Bien sûr, cela a eu pour conséquence d'inciter les acheteurs à réduire leurs attentes et à se contenter de moins d'espace pour le même prix !

De plus, les gens sont conscients qu'au prix d'achat s'ajoutent, par la suite, les frais d'entretien et le temps que tout cela nécessite. De même, les coûts de taxes, d'assurances ainsi que les frais d'éclairage, de climatisation et de chauffage, proportionnels à la dimension de la résidence, augmentent donc avec le nombre de pieds carrés de superficie habitable. L'augmentation des prix de l'énergie, au cours des 15 prochaines années, viendra planter le dernier clou du cercueil de ce segment.

Au cours du prochain cycle immobilier, avec l'arrivée en force des *baby-boomers* sur le marché des résidences secondaires, les grandes propriétés en ville verront leur popularité chuter. Les gens investiront à la campagne tout en se gardant un simple pied-à-terre en ville (chapitre 3, section portant sur les condos).

Le seul espoir pour les « grosses cabanes » est la transformation, lorsque le règlement et le zonage municipal le permettent. La lueur au bout du tunnel viendra, dans une certaine mesure, de l'engouement pour les résidences intergénérationnelles. Une autre option serait de subdiviser la résidence en logements haut de gamme. Le plus simple demeure la vente. Encaisser la perte. Passer à autre chose.

LES POURVOIRIES

À première vue, considérant l'engouement grandissant pour un certain retour à la nature, on pourrait croire aisément que les pourvoiries représentent un segment porteur du marché immobilier. Dès que l'on creuse un peu plus à fond la réflexion, on constate que ce lien ne tient pas la route. Voici les quatre principales raisons pour lesquelles ce segment du marché immobilier sera à risque au cours des prochaines années :

1. À mon avis, le mouvement d'opposition à la chasse par les groupes de protection des animaux, comme nous l'avons vu avec la chasse aux phoques, continuera de gagner des adeptes, augmentant ainsi ses moyens et son pouvoir de contestation.
2. Les statistiques démontrent, du moins pour la chasse à l'orignal, une augmentation des chasseurs en provenance des États-Unis. En 1996, ils étaient 1 558. Ce nombre est passé à plus de 3 000 chasseurs américains en 2005[161]. Il s'agit, selon moi, d'une clientèle somme toute restreinte, que doivent se partager toutes les pourvoiries. De plus, la période locative, pour cette clientèle, sera toujours limitée à la très courte période de la chasse. Augmenter cette dernière ne ferait que réduire le gibier, ce qui entraînerait... la perte de cette clientèle.
3. Le vieillissement de la population provoque une augmentation de l'achalandage dans les pourvoiries, ce qui crée une fausse impression de solidité pour ce segment. Je m'explique. Les aînés de la cohorte des *baby-boomers*,

nés en 1946, sont âgés en 2010 de 64 ans. Si, au début de la soixantaine, les gens ont encore l'énergie physique pour effectuer le trajet en hydravion ou en véhicule à quatre roues motrices pour se rendre à destination, il viendra un moment où, malheureusement, les difficultés de santé se feront plus présentes.

Alors, oui, depuis 10 ans, le nombre de permis de pêche vendus aux plus de 65 ans est en progression[162]. Les pourvoiries atteindront donc dans les prochaines années, si ce n'est déjà fait, leur pic d'achalandage. Ces tendances de la démographie n'ont pas échappé à Marc Plourde, PDG de la Fédération des pourvoieries du Québec, qui affirmait, lors d'une entrevue réalisée en juillet 2009 : « C'est clair qu'on pressent une baisse après l'effet du *baby-boom* ».

4. L'augmentation des coûts du pétrole rendra les déplacements plus coûteux et les billets d'avion ne cesseront d'augmenter. Les frais de transport deviendront une raison supplémentaire, pour les clients, de trouver des sites et des activités de plein air à proximité de leur demeure et plus accessibles.

LES IMMEUBLES COMMERCIAUX

En tenant compte du fait que huit commerces sur dix disparaissent au cours de leurs cinq premières années d'existence, il est facile de conclure que cette clientèle locative est précaire. De fait, il est de plus en plus difficile de signer des baux de trois ou de cinq ans, ce qui augmente le taux de roulement et les frais de gestion et de location. Les améliorations locatives, en raison de l'instabilité de ce secteur d'activité, sont la plupart du temps à la charge du propriétaire. Investir pour louer est une chose. Cependant, si on tient compte du fait que ces aménagements sont difficilement transférables d'un locataire commercial à un autre, on comprend que ce n'est plus un investissement récupérable, mais une dépense à placer dans la colonne des « pertes ».

LES IMMEUBLES INDUSTRIELS

Les propriétaires d'industries, afin de répondre à leur besoin d'espace, construisent et aménagent le plus souvent sur mesure leur propre bâtiment. La compétition étant partout, les gens de l'industrie, afin de demeurer concentrés et d'arriver à maintenir la performance de leur entreprise une fois installés dans leurs locaux, laissent la gestion de ces derniers à des entreprises de gestion immobilière spécialisées. Cette particularité propre à ce segment offre donc des possibilités aux constructeurs et aux gestionnaires, mais un espace bien mince pour les investisseurs immobiliers.

Un élément favorable, d'un point de vue économique, mais qui en bout de course ne change en rien ce qui précède pour l'investisseur immobilier, est le fait que notre secteur industriel reprendra de la vigueur dans les prochaines années. Les gestionnaires industriels réalisent qu'il y a un taux élevé de rejets des unités fabriquées à l'étranger, où la qualité de la production ne suit pas les mêmes normes que dans les pays développés. Ce fait, jumelé aux coûts de transport qui augmentent suivant les cours du pétrole, fait que beaucoup de la production transférée outre-mer revient de ce côté-ci de l'océan. Économie 1, Immobilier 0.

LES IMMEUBLES À BUREAUX

La compréhension de ce segment exige un rapide retour en arrière. Nous venons directement d'une économie d'autosuffisance. Celle où une majorité de gens, des cultivateurs, produisaient l'ensemble de ce qu'ils consommaient, excepté le sel, le sucre et le tissu fin. Et les gens consommaient très peu ! Un bureau est utile pour les travailleurs qui offrent un service. À cette époque, l'ensemble des services était couvert par trois professions. Le médecin n'avait pas besoin d'un bureau puisqu'il se rendait chez les gens. Il y avait aussi le notaire, dont le bureau occupait une pièce de sa propre résidence, et, pour compléter le tableau, le curé.

Puis, il y eut l'industrialisation. Cette transformation de l'économie n'a créé pratiquement aucun besoin de bureaux. Par exemple, une immense industrie manufacturière, occupant parfois des dizaines de milliers de pieds carrés pour loger ses machines et ses travailleurs et assurer l'entreposage de ses matières premières et de ses produits finis... n'avait souvent qu'un seul bureau ! Celui du patron, dont l'avant était occupé par une secrétaire-réceptionniste.

En 2010, notre économie est bien ancrée dans l'ère de l'information et des technologies. En ce sens, le segment des immeubles de bureaux répond aux besoins d'espace des travailleurs et des entreprises qui offrent des services. La nécessité des immeubles de bureaux est donc née d'un nouveau passage, soit celui de l'économie manufacturière ou industrielle à une économie axée majoritairement sur les services. Parallèlement, d'autres changements ainsi que des innovations sont apparus, offrant de nouvelles solutions pour répondre aux besoins de locaux pour bureaux...

En matière de concurrence indirecte aux immeubles de bureaux, il y a tout d'abord le télétravail. Cette conception plus virtuelle de l'espace-travail fait, et continuera de faire, des ravages dans le segment des immeubles à bureaux. Pour les travailleurs, le premier avantage à renoncer à un bureau à l'extérieur de leur domicile est d'éviter les embouteillages. Ensuite, cela facilite beaucoup la conciliation travail-famille. Du côté des entreprises, le principal avantage est une diminution des frais fixes. Le coût pour équiper un employé afin qu'il puisse travailler de chez lui est moins élevé que le coût de location d'un bureau pour une seule année! De toute façon, cet équipement serait quand même nécessaire au bureau!

Aux États-Unis, la valeur des immeubles à bureaux, comme du reste d'ailleurs, a chuté d'environ 15 % entre juillet 2007 et septembre 2008[163]. Au Québec, entre 2005 et 2009, le taux d'inoccupation des locaux pour bureaux a doublé pour se porter à 5,9 % dans la ville de Québec et à 9,4 % à Montréal[164]. Les nouvelles technologies, Blackberry, portable et Internet sans fil, qui rendent possible le travail à partir de n'importe quel endroit, continueront de réduire la demande de locaux pour bureaux. Il suffit d'aller prendre un café au coin de la rue pour se rendre compte à quel point les gens travaillent… sans bureau!

LES RÉSIDENCES « TRADITIONNELLES » POUR PERSONNES ÂGÉES AUTONOMES

En terminant, voici un segment qui attire l'attention, un peu trop à mon avis, et qui exige que l'on s'y attarde davantage. Pour commencer, il est vrai, comme nous l'avons vu au chapitre précédent, que la population des pays industrialisés compte de plus en plus de gens âgés de 65 ans et plus.

Attention, une précision est ici nécessaire : ce n'est pas parce que la population vieillit qu'elle est automatiquement vieillissante ! En d'autres termes, une augmentation démographique d'une cohorte, celle des gens âgés de plus de 65 ans, ne signifie pas nécessairement et automatiquement une augmentation de la demande de places en résidence pour aînés.

À mon avis, il y a déjà trop de résidences standards visant toujours la même clientèle, soit les personnes autonomes et semi-autonomes. Le slogan pourrait ressembler à « On vous loue... puis débrouillez-vous ! » L'avenir n'est pas là ! (relire, dans le chapitre 3, la section portant sur les résidences pour personnes âgées...).

Voici une autre équation à jeter à la poubelle : « plus de personnes âgées = plus de résidences pour personnes âgées ». Elle est beaucoup trop réductionniste, pour ne pas dire simpliste ! Nous devons tenir compte du fait que, pour les gens âgés comme pour tout le monde, de nombreux facteurs viennent influencer la définition du besoin en habitation. Ce dernier ne cesse d'évoluer et, de plus, une foule d'autres solutions s'offrent maintenant aux aînés.

Nous pouvons constater qu'au fur et à mesure que le nombre de personnes âgées augmente dans notre société, parallèlement, le désir de demeurer chez soi, idéalement de façon autonome et en santé, s'impose comme une tendance lourde. Le résultat de cette volonté, qui représente un changement de fond affectant directement la demande de places en résidences pour personnes âgées autonomes, se traduit par une offre de services permettant aux gens de demeurer à leur domicile, résidence ou appartement, beaucoup plus longtemps qu'auparavant.

Par exemple, déjà à la fin des années 1990, CAA-Québec avait créé une division de services appelée CAA habitation. Il s'agissait alors tout simplement d'élargir la mission d'origine dédiée au dépannage automobile afin d'englober le « dépannage résidentiel ». Ainsi, dans toutes les régions du Québec, des spécialistes de différentes professions travaillant en milieu résidentiel (plombiers, couvreurs, électriciens, paysagistes et bien d'autres), ont pu être recommandés par cet organisme.

À cela se sont ajoutées des innovations telles que les systèmes d'alarme, incluant le bouton panique permettant à une personne seule d'obtenir de l'aide rapidement en cas d'urgence. Dans la même lignée, pour un coût mensuel minime, les gens âgés peuvent inscrire leur numéro de téléphone à l'intérieur d'un système téléphonique automatisé qui, une ou deux fois par jour, appelle chaque membre. Dans l'éventualité où quelqu'un serait dans l'incapacité de répondre, les services d'urgence seraient alors immédiatement dépêchés à l'adresse indiquée.

Les institutions financières, souvent lentes à réagir aux changements, sont entrées elles aussi dans cette vague. Des agents de prêts ou de placements se déplacent maintenant à domicile ou encore, les gens peuvent effectuer leurs transactions par Internet. Ne vous en faites pas, la prochaine cohorte de gens du troisième âge sait déjà utiliser les technologies de l'information... et ne s'en prive pas! Un autre service apprécié est les popotes volantes, qui livrent des repas chauds chez les gens. Nous pourrions continuer ainsi encore longtemps, en parlant par exemple du médecin à domicile, des services de tonte de pelouse, d'entretien ménager, des déneigeurs, et ainsi de suite.

Tout ce beau monde et l'ensemble de ces services permettent aux gens avançant en âge de combler un désir profond et largement répandu parmi eux : demeurer chez soi ! Plus la demande de services de maintien à domicile augmente et plus ceux-ci se développent pour y répondre. Et à mesure que ces services se diversifient et se répandent, la demande pour des places en résidences traditionnelles pour personnes âgées se résorbe.

Un autre élément venant diluer la demande pour ce segment de marché est le fait qu'encore beaucoup de promoteurs immobiliers, actifs dans ce créneau, s'obstinent à donner foi à l'équation « plus de personnes âgées = plus de résidences »...

Dans le but d'appuyer ce que j'avance, voici un extrait du livre économico-démographique de David Foot : « Il est peu probable que les *baby-boomers*, qui dans bien des cas se voient éternellement jeunes, veuillent un jour vivre dans des résidences de retraite traditionnelles[165]. » La demande pour le segment de marché des résidences pour personnes âgées « autonomes et semi-autonomes » a été tellement médiatisée que l'offre du marché a explosé. S'il y avait effectivement un besoin criant au départ, ce n'est plus le cas aujourd'hui.

Depuis le tournant des années 2000, le taux de vacance dans ce segment ne cesse d'augmenter d'année en année, bien sûr en raison d'une construction soutenue de résidences, mais également pour une raison démographique. L'explication fournie par Foot réside dans le fait que la grande dépression de 1929 a amené une baisse du taux de natalité. Cela se répercute aujourd'hui en une baisse du nombre de gens faisant partie de ce groupe. Les gens nés en 1930 ont 80 ans en 2010. Une cohorte en suit une autre. La prochaine, celle des *baby-boomers*, a des besoins diamétralement différents de celle qui l'a précédée. L'ennui vient du fait que l'augmentation de l'offre résultant des nouvelles constructions nuit également aux propriétaires qui étaient déjà à l'intérieur de ce marché. Bref, voilà un créneau actuellement en saturation et qui, dans les prochaines années, ne correspondra plus à ce qui est recherché.

Voici un exemple confirmant que ce segment n'a pas d'excellentes perspectives. Prenons une résidence pour personnes âgées, prendre en compte des coûts d'acquisition, qui a été agrandie et rénovée. Plusieurs millions ont été investis, portant le prix de revient de chaque unité à environ 100 000 $. Sans tenir compte des frais d'exploitation, avec un revenu moyen annuel disons de 14 000 $ (moins de 1 200 $ / mois) par unité, le ratio du coût de construction est de 7,2 fois les revenus brut. En prenant compte des frais d'exploitation, sans commune mesure avec la possession d'un simple immeuble locatif, tels que la nourriture, le personnel et les frais découlant des différents services offerts, cela m'apparaît risqué. Malgré que cette construction réponde entièrement et de façon très rigoureuse à l'ensemble des normes les plus sévères de l'industrie, le taux de vacance pendant la première année suivant la fin des travaux sera tout de même de 20 %.

À plus long terme, je mettrais aussi un bémol sur le segment très particulier des résidences spécialisées dédiées aux personnes en perte d'autonomie ou malades. À mon avis, au fur et à mesure que le nombre de gens atteints d'une maladie grave ou dégénérative (Alzheimer, Parkinson) augmentera, la pression pour allouer les fonds nécessaires à la recherche se fera également de plus en plus grande. Je crois fermement qu'il y aura des percées en ce qui concerne la prévention et le traitement de ces maladies.

À plus long terme, ces traitements auront donc pour effet d'infléchir la demande pour ce type d'établissement spécialisé. Par exemple, il est question de thérapies à partir des fameuses cellules souches, ce qui permettrait d'envisager des traitements afin de lutter aussi contre le diabète et le Parkinson. On estime que ces avancées médicales pourraient être au point entre 2010 et 2025[166]. Bref, cela s'en vient!

Après une analyse des dix segments d'avenir et un survol de huit autres segments à éviter, le chapitre suivant traite globalement de l'incontournable en immobilier : le secteur.

CHAPITRE 5

LE SECTEUR

Le secteur, le lieu géographique où est situé la propriété, appelé aussi la localisation, demeurera toujours un incontournable pour l'investisseur immobilier averti. En effet, à l'intérieur de l'équation qui nous permet d'évaluer le rendement futur d'un investissement immobilier, le secteur est le facteur par lequel nous devons multiplier la valeur du segment de marché. Comme en mathématique, le zéro est absorbant, il est impossible de créer de la richesse, même en ayant choisi un bon segment de marché, si le secteur où la propriété est située n'est pas prometteur. Ainsi, lorsqu'un seul des éléments d'une multiplication est négatif, le résultat l'est aussi.

Bien distinguer les subtilités d'un lieu précis représente un immense défi. Par exemple, les constructions d'un côté de la rue peuvent offrir plus d'ensoleillement que celles situées juste en face. Dans un contexte de mondialisation, investir dans Lanaudière est bien différent que le faire au sud de l'Espagne, à Fort Lauderdale en Floride, au Panama ou en Gaspésie. L'analyse du secteur exigera de l'investisseur immobilier d'aller contre sa résistance naturelle aux changements pour accepter de « penser en dehors de la boîte ».

Au cours du prochain cycle de 15 ans, les incidences découlant du choix de la localisation seront donc décuplées et plus complexes à étudier, du fait que les piliers de l'immobilier, soit l'économie, les taux d'intérêt, la sécurité de l'endroit pour les résidents, les changements climatiques et démographiques sont d'ores et déjà, en 2010, complètement intégrés et internationalisés. Cette mondialisation des facteurs déterminant la croissance, le maintien ou le déclin des segments qui composent l'ensemble du marché immobilier nous oblige, lorsqu'il est question du choix du secteur, à adopter une approche globale.

Voici mes pistes de réflexion. Partant du monde, qui offre à l'investisseur immobilier une large étendue de possibilités de secteurs, nous en viendrons à l'Amérique du Nord. Ce grand secteur sera subdivisé ensuite en trois parties, soit les États-Unis, le Canada et finalement nous aborderons le Québec et ses différents secteurs.

LE MONDE DÉCOUPÉ EN SECTEURS

D'abord, il convient d'écarter d'emblée certaines parties du monde pour en favoriser d'autres, en tenant compte du fait que la demande pour ces secteurs sera de plus en plus tributaire de leur capacité à combler les besoins primaires de l'être humain. Dans l'évaluation du secteur, nous devrons nous poser les questions suivantes : où sera-t-il difficile ou très coûteux de se procurer les ressources de base nécessaires à la survie de l'homme? Au contraire, dans quelles régions ces ressources vitales seront-elles en quantité et en qualité suffisantes? Qu'en sera-t-il de la qualité de l'air, de l'eau, de la nourriture, mais aussi de la disponibilité d'espace pour vivre? L'économie de ce secteur sera-t-elle suffisamment forte pour offrir des emplois, une offre de crédit abordable (conditions de financement et taux d'intérêt) ainsi qu'une inflation contrôlée? À toutes ces questions s'ajoute le facteur sécurité, d'abord la sécurité physique des gens, puis des biens et de la propriété. Dans quelles régions du monde ces conditions seront-elles réunies?

Voici un survol sommaire du monde en ce qui concerne les secteurs. Commençons par l'Australie qui souffre, depuis une décennie déjà, des effets du réchauffement climatique. La désertification, le manque d'eau et la baisse de productivité en agriculture (chute de la production céréalière de 59 % en 2006-2007[167]) n'augurent rien de bon.

Disons qu'il en va de même pour le continent africain, où s'ajoutent plusieurs guerres civiles et conflits interarmées. En 2006, il y avait plus de 900 millions d'Africains, dont 60 % avaient moins de 20 ans[168]. Ce continent en ébullition est le plus touché par le sida, sans parler de la corruption des élites politiques ainsi que des chefs de guerre qui y font la loi. J'ai un ami qui, lors d'un voyage en Afrique du Sud, me racontait que, la nuit, les gens jugent le risque de faire un accident en brûlant un feu rouge moins grand que tout ce qui peut leur arriver s'ils s'y arrêtent!

Les Amériques centrales et du Sud ont connu un certain succès auprès des investisseurs immobiliers de par le monde. Le Costa Rica et le Panama en sont deux exemples. Cependant, la violence urbaine prend de l'ampleur, et pas seulement en Colombie. On parle de « zones interdites » qui se répandent, comme il en existe déjà dans des villes comme São Paulo et Rio de Janeiro[169]. D'ailleurs, au Brésil, le plus grand pays de la région avec 190 millions d'habitants, la violence est omniprésente, au point où les déplacements sont devenus tellement dangereux que certains gens d'affaires se rendent, d'une tour de bureaux à une autre... en hélicoptère[170] !

Cette violence urbaine, qui découle souvent du trafic de la drogue, affecte l'ensemble de la région, incluant le Mexique et les grandes villes du monde. Ce problème est tellement virulent que dans les pays d'Amérique latine, le Brésil en tête, un mouvement favorable à la décriminalisation de la possession simple de drogue est en marche afin de réinvestir les ressources ainsi dégagées pour combattre le crime organisé. Les tenants de ce mouvement ne craignent rien de moins que l'effondrement de la démocratie. Voilà pourquoi je ne suis aucunement intéressé par l'immobilier en République dominicaine ou encore au Mexique, malgré une certaine mode en ce sens. Ce sont également ces situations malheureuses et invivables qui favoriseront, dans le futur, l'immobilier sélectif horizontal dans des pays stables et sécuritaires. Pour vous donner une idée du niveau de de la violence, au Brésil par exemple, le taux de mortalité criminelle était en 2007 de 28,3 meurtres pour 100 000 habitants[171]. C'est comme si nous avions au Québec, chaque année, 2 094 meurtres !

Au sujet des conséquences du réchauffement climatique, *Le monde en 2025* mentionnait ceci : « Le nombre et l'ampleur des catastrophes naturelles devraient s'accentuer en Amérique latine (notamment les tempêtes tropicales en Amérique centrale) et constituer un risque très important pour les populations qui occupent en majorité les zones côtières[172]. »

Du côté du Moyen et du Proche-Orient, oublions l'Iran et l'Irak. Pour cette région, les problèmes d'approvisionnement en eau seront criants et les importations de nourriture, coûteuses. Je ne sais trop ce qu'il adviendra de ce « secteur » lorsque les entrées d'argent provenant du pétrole cesseront. À mon avis, vaudra mieux se trouver ailleurs !

Finalement, il nous reste à passer en revue l'Asie et l'Europe. La première fera face à une foule de défis, déjà soulignés au chapitre un : pollution, manque de terres arables, pénurie d'eau potable, densité démographique étouffante, etc. Quant à la grande Europe, ses principaux défis seront une pénurie d'eau en France et dans le sud de l'Espagne, mais, surtout, des tensions sociales causées par l'immigration en provenance des pays africains et des satellites de l'ex-URSS (l'espace postsoviétique), ce qui amène une montée, un peu partout, des partis d'extrême droite. L'interdiction de la construction de minarets, approuvée en Suisse par un référendum en novembre 2009, en est un indicateur.

L'AMÉRIQUE DU NORD

J'ai un parti pris pour ce grand secteur, cela va de soi. Le sujet de ce livre est le déséquilibre entre l'offre et de la demande en ce qui concerne l'espace, et les États-Unis et le Canada, ensemble, disposent de près de 20 millions de km² d'espace! Cependant, tout n'est pas rose. Dans un article de la revue *Maison du 21e siècle*, on pouvait lire : « D'ici sept à dix ans (2015-2018), l'équilibre climatique dans l'hémisphère Nord pourrait basculer, provoquant une hausse subite de la température moyenne du globe, d'au moins 2 degrés Celsius [...][173] ». Voyons de plus près ce qu'il en est.

Les États-Unis

En Californie, par exemple, où la population est comparable à celle du Canada en entier, le réchauffement climatique crée déjà des conditions de sécheresse extrême. Chaque automne, maintenant, des feux de broussailles éclatent[174]. En octobre 2007, plus de 500 000 personnes ont été forcées d'évacuer leur résidence alors que plus de 1 300 habitations et commerces étaient réduits en cendres[175]. En raison de l'augmentation à la fois de leur fréquence et de leur intensité, ces incendies géants coûtent une fortune colossale au Trésor public en frais d'évacuation et de reconstruction. D'ailleurs, selon le *Time*, les autorités ont commencé, de même que les compagnies d'assurance, à aviser les gens vivant dans les « zones à risque » qu'ils devront éventuellement « [...] assumer les conséquences de leur décision :

si un incendie menace leur maison, ils pourraient être laissés à eux-mêmes[176] ». Je vous rappelle que l'on ne peut obtenir de financement sur un bien immobilier inassurable. Imaginez des secteurs entiers dans cette situation !

Autre grande problématique préoccupante qui touche de nombreux États du centre et du sud : la rareté de l'eau. En 2009, le gouverneur de la Californie, premier producteur agricole du pays, a décrété l'état d'urgence en raison de la pénurie d'eau. Dans son discours, Arnold Schwarzenegger a mentionné : « ... la Californie affronte sa troisième année consécutive de sécheresse et nous devons nous préparer au pire, à une quatrième, à une cinquième ou même à une sixième année de sécheresse[177] ». Dans l'éventualité où cette prédiction devait se réaliser, le gouverneur a déjà prévenu les Californiens que des rationnements et même des coupures d'eau seront imposés.

Un autre défi qui guette ce pays concerne les inégalités sociales. Une impasse se dessine entre le manque de ressources financières du gouvernement fédéral, qui cumule les déficits, et les besoins d'une proportion grandissante de la population qui doit survivre sans filet de protection sociale. Par exemple, à Los Angeles, 73 000 personnes[178] doivent dormir dans la rue, ce qui représente la plus grande concentration de sans-abri des États-Unis. Inutile de rappeler le débat acrimonieux que suscite le projet du président Obama d'étendre l'accès aux soins de santé aux 50 millions d'Américains qui n'ont pas d'assurance maladie.

Un dernier risque dans cette région pour les investissements immobiliers vient du billet vert. En effet, la CIA écrivait en 2009 dans son dernier rapport : « En 2025, le dollar [américain] risque de n'être plus qu'une monnaie importante parmi d'autres, dans un panier de devises. Le statut de devise de réserve mondiale du dollar confère aux États-Unis certains avantages en les isolant des risques de choc monétaire, et en leur autorisant de plus faibles taux d'intérêt[179]. »

Les États-Unis sont dans le rouge. Le gouvernement doit emprunter — attention, vous allez trouver le solde de votre carte de crédit ridiculement bas — autour de 1 000 milliards de dollars pour financer leur déficit... La part des détenteurs étrangers dans la dette américaine (en particulier le Japon et la Chine) s'accroît continuellement, ce qui risque de provoquer une dépréciation du dollar[180,181]. Lors de la publication des données concernant le déficit budgétaire et de la dette cumulée, l'administration américaine, année après année, fait usage de superlatifs afin de décrire ses records. Pour le dernier exercice financier se terminant le 30 septembre 2009, le manque a été de 1 420 milliards[182], soit, par rapport à l'année précédente, un trou trois fois plus profond !

Afin de mieux saisir l'état critique de la situation financière des États-Unis en 2010, nous devons revenir en 1971. À cette époque, sous la gouvernance du président Richard Nixon, un changement financier fondamental a été instauré ou, si vous préférez, le lien entre l'or et la monnaie a été rompu. Depuis les temps anciens jusqu'à cette date passée inaperçue, le dollar en papier remplaçait, pour des raisons pratiques, l'étalon d'or, qui lui-même remplaçait le paiement en bétail. En soustrayant la Banque centrale à cette exigence, cela permettait au gouvernement d'imprimer des devises afin de financer son manque à gagner, le déficit de sa balance commerciale.

Comme si ce n'était pas suffisant, des voix à l'ONU s'élèvent pour proposer une monnaie « supranationale[183] » dont le système pourrait voir sa gestion confiée au Fonds monétaire international. Parallèlement, les pays formant le BRIC (Brésil, Russie, Inde et Chine) ont également demandé, en 2009, à ce que le dollar américain ne soit plus la monnaie de référence dans les échanges internationaux.

Comment écrire sur le « secteur » des États-Unis sans aborder celui de la Floride? Populaire principalement pour les résidences secondaires, les maisons mobiles et les condos, ce secteur a connu une baisse atteignant les 40 %[184], en tenant compte du taux de change qui avantage les acheteurs canadiens lorsque la devise américaine bat de l'aile. Mais est-ce réellement une bonne affaire? On doit d'abord considérer que les prix ont littéralement explosé en Floride au cours des dix dernières années, avec une croissance des valeurs allant jusqu'à 120 %[185]! En soustrayant le fléchissement de la hausse, vous obtenez tout de même une augmentation des valeurs de 80 %, ce qui est le double de ce qu'a connu le Québec pour la même période. Voilà pour le passé.

Pour ce qui est de l'avenir, l'augmentation des coûts se poursuivra et ces derniers sont nombreux. Commençons par les conséquences des tempêtes tropicales qui, comme nous l'avons vu, seront de plus en plus fréquentes et d'une intensité décuplée. Leur impact se voit bien sûr dans l'augmentation des primes d'assurance habitation. Plusieurs compagnies d'assurance se sont carrément retirées de certaines régions, tout comme cela s'est fait sur la côte ouest et dans le golfe du Mexique[186]. Cette baisse de concurrence et l'augmentation des réclamations se sont déjà traduites par une augmentation des primes d'assurance de l'ordre de 200 %, parfois 300 %[187]. Lors des tempêtes, des dommages sont infligés à répétition également aux infrastructures.

Les taxes municipales ont donc suivi le mouvement à la hausse pour les « résidents permanents », ce qui est encore plus vrai pour les Canadiens. On donne en exemple le cas d'un résident permanent dont la facture s'élevait à 3 000 $ alors que son voisin canadien payait, pour une résidence semblable, 10 000 $... de plus[188]! Dans un article paru sur Cyberpresse, l'auteur va dans le même sens : « Les dépenses liées à l'entretien d'une maison en Floride sont loin d'être coulées dans le béton. Impôt foncier, assurances, charges de copropriété. D'une année à l'autre, la facture totale peut varier du simple au double[189]. » Voilà pour le « secteur » de nos voisins.

Le Canada

Le Canada, contrairement à bien des pays dans le monde, pourrait profiter des changements climatiques. D'abord parce que nous ne sommes pas vraiment touchés, sauf parfois les Maritimes, par les ouragans[190]. Ensuite, parce que la fonte des glaciers et l'augmentation du niveau des mers donne accès à de nouvelles ressources tout en ouvrant le fameux passage du Nord, praticable en été depuis 2006[191]. Par contre, une augmentation de la fréquence des épisodes de verglas est à prévoir[192]. Cependant, les coûts liés à l'hiver diminueront : chauffage, entretien automobile et des routes, déglaçage, etc. Finalement, selon Statistique Canada[193], « [...] le Canada se trouve dans une situation unique pour contrer la tempête causée par la montée abrupte des prix des céréales et du riz et pourrait même profiter de la montée en flèche actuelle ». Voilà qui explique peut-être l'attrait du Canada chez les immigrants.

Dans le « secteur ouest » du Canada, la problématique de la pénurie d'eau commence à se faire sentir. En Alberta, les pétrolières puisent déjà 7 % de l'eau disponible dans les puits souterrains et les rivières, contribuant à assécher les sols et à vider une nappe phréatique mise sous pression depuis longtemps par l'utilisation, parfois abusive, qu'en font les producteurs de bétail. « C'est dans les Prairies, où le climat est déjà sec, que l'on redoute les pires conséquences au Canada. En 2006, selon Statistique Canada, l'Alberta possédait à elle seule 63,5 % des terres irriguées de tout le pays, essentiellement pour la culture du foin et les pâturages[194]. »

Aucun plan provincial n'est en place en Alberta pour contrer la pénurie d'eau annoncée. « C'est l'aveuglement total[195]», affirme David Schindler, de l'Université de l'Alberta. Ce spécialiste de la question de l'eau prédit que « [...] si la tendance se maintient, les Albertains devront s'attendre à une sécheresse identique à celle de 1930, qui avait transformé les Prairies en champs de poussière et provoqué l'exode de 250 000 personnes[196] ». Malgré cela, des promoteurs immobiliers continuent d'élaborer des projets de développement et vendent encore le secteur à des acheteurs aveuglés par les promesses de rendement à court terme. Dans ce secteur, la fête tire à sa fin. En tenant compte de ce qui a été dit précédemment, ce n'est certainement pas le temps, en 2010, d'investir en Saskatchewan et en Alberta.

De plus, les villes canadiennes se classent bien à l'intérieur du palmarès des endroits où il fait bon vivre établi par le Corporate Resources Group[197]. La raison est que nos villes sont suffisamment grandes pour offrir tous les avantages et les services qu'il est possible de retrouver dans les grandes villes sans toutefois avoir atteint, jusqu'à maintenant, la taille des New York, Tokyo et Mexico qui, elles, se retrouvent en queue de peloton. Voilà pourquoi des urbanistes, tels que Jack Lessinger, de l'Université de Washington, entrevoient une vague de départs de gens qui « vont fuir les grandes villes à la recherche d'un mode de vie plus tranquille et moins cher. La banlieue n'étant pas suffisamment éloignée de la grande ville pour ces gens-là, ils voudront s'établir dans des villages et des petites municipalités[198] ». Ce qui ne manque pas dans nos secteurs, au Canada et au Québec !

Selon l'indice Teranet-Banque Nationale, la valeur des propriétés a explosé de 63 % à Calgary et de 50 % à Vancouver depuis juin 2005. Pendant la même période, à Montréal, la hausse était de 23 %[199]. Ce qui laisse à penser que certaines villes de l'Ouest canadien sont surévaluées ou que la valeur des résidences du Québec qui augmentera. Un rééquilibrage des valeurs des biens immobiliers entre les différents secteurs canadiens est à prévoir.

Selon Equifax, en ce qui concerne la situation financière de ses habitants, l'Ouest canadien serait plus touché par les défauts de paiement sur les cartes de crédit. Cela serait particulièrement vrai en Alberta, avec une hausse de 32 % des défauts de paiement, suivie de la Colombie-Britannique, avec une augmentation de 30 %[200]. La moyenne canadienne, toujours selon Equifax, se situe à 24 %, et le Québec présente, pour sa part, un taux de 23,5 %. D'importantes différences existent aussi entre les villes. À Montréal, le taux de défaillance est de 1,44 % alors qu'il est de seulement 0,83 % à Québec, « la championne canadienne du paiement de factures ». À l'autre extrême, nous retrouvons la plus forte concentration de délinquance financière à Toronto avec un taux de 2,03 %[201].

Les secteurs du Québec

En considérant tous les arguments avancés précédemment, je crois fermement que Nostradamus avait totalement raison lorsqu'il qualifiait notre secteur de « terre d'asile ». Nous avons l'espace, l'eau, la sécurité des biens et des personnes, le respect de la propriété privée (généralement), un environnement encore sain, une nature grandiose et énormément d'énergie verte et renouvelable ! À n'en pas douter, notre coin de pays a tous les atouts nécessaires pour devenir « le spot » mondial de l'investissement immobilier. J'en suis persuadé !

Lorsque l'on tient compte de la théorie des vases communicants, il est à mon avis fort probable que l'espace dont nous disposons ici, au Québec, prendra de la valeur au fur et à mesure que les prix de l'espace au mètre carré continueront d'augmenter dans l'Ouest canadien. Bien sûr, la côte Ouest du continent nord-américain, Californie et Colombie-Britannique en tête, demeurera la porte d'entrée privilégiée de ce flot d'immigrants asiatiques.

Afin de ralentir le déclin démographique du Québec, le ministère de l'Immigration cherche à augmenter le nombre d'immigrants reçus à 60 000[202] à compter de 2010. Un fait connu est que la majorité de ceux-ci, plus de 80 %[203], s'établissent à Montréal. La question est donc en réalité de savoir si la métropole peut recevoir, année après année, des dizaines de milliers de nouveaux résidents.

En excluant les difficultés ou les tensions linguistiques, ethniques ou culturelles, il m'apparaît clair que la ville de Montréal, une île, ne pourra indéfiniment supporter, ne serait-ce que sur les plans de l'emploi, de ses infrastructures ou même du logement, cet afflux de gens. Montréal deviendra donc un épicentre autour duquel les régions environnantes se développeront, comme ce fût le cas pour les Laurentides. Nous devrions donc voir, au cours des prochaines années, un développement marqué des régions de la Montérégie et de Lanaudière, suivies par les régions de la Maurice et de l'Estrie.

L'auteur David Foot a traité du développement de notre « secteur » : « Au Québec, des gens du même âge (*baby-boomers*) sont à l'origine du développement que connaissent les villes de moyenne grandeur comme Saint-Jérôme, au nord de Montréal, ou Saint-Jean-sur-Richelieu, au sud. Il s'agit là des premières manifestations de ce qui sera une importante tendance au siècle prochain, quand de nombreux représentants du début du *baby-boom* commenceront à prendre une retraite anticipée[204]. » Foot ajoute : « Ce retour à la campagne (des *baby-boomers*) aura aussi d'importantes conséquences écologiques. Les terres agricoles qui entourent les petites villes vont prendre de la valeur[205]. » Montréal d'abord, mais Québec également, sont les épicentres à partir desquels les régions se développent.

En parallèle à ce développement des régions, la création d'aires protégées au Québec réduit d'autant les superficies zonées blanc, où il est possible de construire des habitations. Au début de 2009, le gouvernement du Québec a annoncé la création de 14 nouvelles aires de protection dont la superficie équivaut à... 33 fois l'île de Montréal[206] ! C'est maintenant 8,12 % du territoire de la province, soit 135 326 km^2, qui est exclu du développement. Cette superficie est l'équivalent du Nouveau-Brunswick, de la Nouvelle-Écosse et de l'Île-du-Prince-Édouard réunis ![207] Encouragées dans leur élan, les instances gouvernementales du Québec veulent poursuivre dans ce sens pour atteindre un objectif de 12 % du territoire sous protection d'ici 2015[208].

Le Québec est également très bien positionné en ce qui concerne l'énergie qui, comme nous le verrons dans le prochain chapitre, est un facteur important dans la détermination de la croissance des valeurs immobilières. La révolution énergétique, dont le but est de trouver des énergies de remplacement au pétrole, est déjà amorcée. Dans son livre *Le nouveau rapport de la CIA*, l'auteur Alexandre Adler parle de son côté d'une « mutation énergétique[209] ». Bien entendu, les régions du monde qui posséderont ces énergies et les ressources pour les produire ou qui seront en avance dans le développement des technologies permettant leur production seront des endroits où le secteur immobilier sera excessivement porteur. Les pays scandinaves et le Québec sont avantagés à ce chapitre. En effet, ces deux régions du monde disposent d'hydroélectricité et de centres de recherche en énergies renouvelables.

En août 2009, le gouvernement fédéral annonçait la venue à Shawinigan du Centre d'excellence en efficacité énergétique (C3E), un sixième depuis le début de l'année. Au cours des cinq prochaines années, cet organisme prévoit réaliser au-delà de 140 projets tout en participant à une cinquantaine d'autres pour une valeur de 50 millions de dollars[210]. Il s'ajoute à l'Institut de recherche sur l'hydrogène à l'Université du Québec à Trois-Rivières, au Laboratoire des technologies de l'énergie et au Centre national en électrochimie et en technologies environnementales. Voilà pour la Mauricie. Il existe bien sûr d'autres centres de recherche et projets en fonction ou à l'étude un peu partout au Québec et au Canada. Tout cela me laisse croire que le secteur énergétique, au Québec, vital au développement de l'économie et donc de l'immobilier, se porte à merveille. À mon avis, ce n'est qu'un début.

LA QUALITÉ DE L'AIR DU SECTEUR

L'air est évidemment la première ressource vitale. Nous tenons tellement pour acquis cet élément — nous sommes habitués à respirer sans même y penser —, que se poser cette question, pour certains, peut paraître ridicule. Tout de même, supposons, pour un instant, qu'un dôme de verre, comme dans certains romans et films de science-fiction, se retrouve hermétiquement posé au-dessus d'un secteur. Qu'arriverait-il aux valeurs, tous segments de marché immobilier confondus, si la nouvelle se répandait que dans cinq ans, l'air sous le dôme sera quasi irrespirable? Bien sûr, les habitants de ce secteur voudraient partir... avant d'y être obligés. Il serait tout aussi impensable que, en toute connaissance de cause, des gens de l'extérieur viennent s'y établir. Chute de la demande pour le secteur, chute des valeurs immobilières de cette localisation.

Pourtant, plusieurs métropoles en train de devenir des mégapoles suivent, jusqu'à un certain point, cette trajectoire. L'air est partout. Cependant, sa qualité et les contaminants qu'il contient sont directement liés à la densité de la population. La Chine et l'Inde sont donc de grands secteurs dont les habitants les plus fortunés, afin de préserver leur santé, seront de plus en plus tentés de partir.

LA DISPONIBILITÉ, LA QUALITÉ, L'ACCESSIBILITÉ ET LA QUALITÉ DE L'EAU POTABLE À L'INTÉRIEUR DU SECTEUR

Après l'air vient ensuite une autre problématique, de plus en plus criante, touchant une ressource vitale : l'approvisionnement en eau potable. L'eau, c'est la vie. Toutes les civilisations du monde se sont établies et développées près de points d'eau.

On peut vivre jusqu'à 70 jours sans manger, mais pas plus de trois sans boire. Nous sommes constitués à 85 % d'eau, c'est peut-être pour cette raison qu'instinctivement, nous nous sentons si bien près de l'eau et que les terrains en bordure de plans d'eau sont si recherchés...

Sans l'eau, aucun secteur ne peut se développer. Ce précieux liquide est nécessaire à l'ensemble des activités de l'être humain. L'eau est essentielle à l'industrie (20 % de la consommation), à l'agriculture (70 % de la consommation), à l'économie et dans nos activités quotidiennes, lavage, cuisine, etc. Et bien sûr, pour se désaltérer, il n'y a rien de mieux qu'un bon verre d'eau.

Au début de ce livre, lorsque nous avons abordé la notion de l'offre d'espace limitée, j'ai mentionné que la Terre n'est composée que de 29 % de terres; le reste de la surface de notre planète, soit 71 %, est recouvert d'eau. Cependant, 97 % de cette eau est salée. Des 3 % restants, les deux tiers se trouvent sous forme de glace aux deux pôles, ce qui laisse seulement 1 % d'eau douce à la surface ou dans les nappes phréatiques[211].

Comme une image vaut mille mots, pour illustrer le peu d'eau potable disponible sur Terre, le directeur de recherche à l'Institut de mécanique des fluides de Strasbourg avait comparé la Terre à une orange où l'eau potable aurait la dimension d'une tête d'épingle[212] ! On voit clairement et de façon évidente que les « secteurs » d'avenir pour l'investissement immobilier seront assurément ceux qui pourront offrir à leurs résidents une eau potable de qualité, en quantité suffisante.

Tout comme pour la qualité de l'air, nous avons encore souvent tendance à considérer l'eau potable comme une ressource inépuisable et renouvelable. Cette apparence d'abondance dans notre « secteur » qu'est le Québec sera de plus en plus convoitée. Cette demande grandissante mondiale pour l'obtention d'un air pur et d'une eau fraîche favorisera la Belle Province.

« En 2025, la majorité de la population de la planète vivra dans des conditions d'approvisionnement en eau faibles ou catastrophiquement faibles », notait le directeur de l'Institut hydrologique de Saint-Pétersbourg, Igor Shiklomanov[213]. L'eau est une ressource vitale, limitée, irremplaçable et dont la demande est en forte croissance, ce qui est une tendance lourde. Comment ne pas tenir compte de la disponibilité et de la qualité de l'eau dans l'évaluation d'un secteur?

Le Canada dispose de beaucoup d'eau douce et cela est particulièrement vrai au Québec. Plus précisément, le Canada possède 7 % de toute l'eau douce de la planète. C'est énorme, mais pas inépuisable. Par exemple, les Grands Lacs, qui ont été formés il y a 10 000 ans[214] par la fonte des glaciers, sont en fait une « ressource fossile ». Les précipitations ne renouvellent que 1 % de leur eau. « Si on consomme plus, on entame les réserves[215]. » Le projet de loi 27 actuellement à l'étude (mai 2009) à l'Assemblée nationale du Québec « [...] affirme le caractère collectif de l'eau et vise à renforcer la protection de cette ressource[216] ».

Nous disposons, au Québec et au Canada, en eau douce renouvelable, de respectivement 130 000 et 100 000 mètres cubes d'eau par an et par habitant, comparativement à moins de 10 000 aux États-Unis[217]. Nous avons tellement d'eau dans notre « secteur » que nous nous permettons le luxe de la gaspiller.

Selon Environnement Canada, en 2004, un Québécois consommait en moyenne 76 % plus d'eau qu'un Ontarien ![218] Vivement les compteurs d'eau et que cesse l'activité des « pousseux » de roches à grand jet d'eau potable dans leur entrée asphaltée ! Dans la métropole québécoise, c'est un fait connu, principalement à la suite du scandale des compteurs d'eau (qui demeurent nécessaires), seulement 5 %[219] de l'eau traitée est consommée.

À la pression humaine, comme si cela n'était pas suffisant, s'ajoute le réchauffement climatique. Déjà, plusieurs villes canadiennes commencent à manquer d'eau. On le voit en Ontario, où des villes comme London et Windsor ont connu des pénuries d'eau lors de périodes de canicule[220]. Lors du 5e Forum mondial de l'eau, qui se tenait en mars 2009 à Istanbul, le ton était alarmiste. L'ONU y affirmait alors : « Sous l'effet de la surpopulation, de l'augmentation du niveau de vie et des changements climatiques, les réserves d'eau subissent des pressions sans précédent partout sur la planète, ce qui met en péril la paix et la croissance à long terme[221]. » Encore une fois, le Québec est gagnant.

Le fondateur du Cirque du Soleil, M. Guy Laliberté, un homme de qui on peut affirmer aisément qu'il est un visionnaire, a choisi l'eau comme cause sociale. C'est ainsi qu'est née la fondation One Drop[222] dont l'existence a largement été médiatisée par la « mission sociale et poétique[223] » autour de la Terre et par l'exposition présentée à Montréal intitulée *Aqua*[224]. L'objectif de cette fondation est de venir en aide aux trois milliards de personnes qui ne disposent pas de système d'assainissement d'eau adéquat, ce qui entraîne la mort de quatre millions d'enfants chaque année, des suites de maladies causées par la consommation d'eau contaminée[225].

La nécessité étant la mère de l'invention, le génie humain a déjà trouvé, dans certains secteurs de la planète, des solutions au problème de l'eau potable. Les technologies permettant la désalinisation de l'eau saumâtre et de l'eau de mer en sont des exemples. Leurs coûts en infrastructures, usines et conduites d'eau permettant l'approvisionnement en eau potable de la mer vers l'intérieur des terres sont très élevés.

Déjà, plusieurs régions du monde manquent cruellement de cette ressource. Près de la moitié (44 %) de la population humaine se trouve déjà dans des régions où l'accès à l'or bleu constitue un problème sérieux. L'augmentation à long terme des prix de l'énergie, que nous aborderons au chapitre suivant, ne viendra qu'aggraver les choses. En effet, plus de 50 % des coûts d'approvisionnement en eau vont à l'énergie[226] que nécessitent le pompage, le traitement et la distribution. En entrevue avec *The Economist* en 2008, Andrew Liveris, chef de la direction de Dow, une multinationale de l'industrie chimique[227], affirmait : « L'eau est le pétrole du 21e siècle ». Une affirmation avec laquelle je suis tout à fait d'accord. L'enjeu majeur découle cependant du fait que l'eau, contrairement au pétrole, n'a aucun produit de substitution. Le Québec est donc véritablement un « secteur » privilégié.

CHAPITRE 6

LA CRISE ÉNERGÉTIQUE ANNONCÉE ET SES IMPACTS SUR L'IMMOBILIER

« Mon dieu, t'as donc bien l'air fatigué ce matin! » C'est par cette formule de bienvenue que vous avez été accueilli à votre arrivée au bureau. Il faut dire que ce matin en question est bien sûr... un lundi. Un lundi de janvier où le soleil a fait la grasse matinée jusqu'à 7 h 29. Comme tous les jours d'hiver, vous vous êtes rendu au bureau dans une quasi-obscurité. Le tableau de bord de votre voiture indiquait un mercure de - 22 °C. Le pire, c'est que vous savez que la réceptionniste a raison. Vous avez le teint blême, les yeux vitreux, de légers tremblements et votre moral... bof. Le diagnostic est simple : vous n'avez plus d'énergie. Vos piles sont à plat. Conséquence : vous êtes au bureau sans vraiment y être. Cela s'appelle le présentéisme. L'efficacité au travail, comme la température annoncée à la météo, est de nulle à passable.

Sans énergie, nous sommes au mieux inefficaces, au pire nuisibles. Il en va de même pour absolument tout. L'énergie joue un rôle essentiel dans tous les aspects de la vie. L'énergie permet d'échafauder des plans, de transporter les matières, de transformer les ressources, de bâtir les infrastructures, de chauffer ou de climatiser nos résidences, mais aussi les écoles, les hôpitaux et tous les autres bâtiments publics, de se déplacer, de cultiver et tout le reste. L'énergie est tout simplement nécessaire partout, tout le temps. Il suffit d'une panne de trois secondes pour que l'électronique (sans pile ou une autre source d'énergie) se dérègle ou perde des données informatiques. Sans énergie, tout s'arrête.

En raison de l'importance que revêt l'énergie, ses impacts sur l'immobilier seront nombreux, créant pour certains segments de marché et plusieurs secteurs des occasions d'investissement et pour d'autres, des menaces. Nous verrons que l'énergie est éminemment vitale à toute économie autour de la planète. L'économie influence l'immobilier... qui soutient l'économie ! La rareté et l'augmentation des coûts énergétiques alimenteront l'inflation.

PREMIER IMPACT DE L'ÉNERGIE SUR LE MARCHÉ IMMOBILIER : LA CROISSANCE ÉCONOMIQUE MONDIALE

Tout d'abord, l'énergie soutient les économies de ce monde, qui sont toutes interreliées et dépendantes les unes des autres. Bien sûr, les fondations de l'immobilier reposent sur l'économie. Le Québec attire des entreprises en leur offrant de l'électricité en abondance et à très faible coût. La valeur du dollar canadien fluctue au gré du prix du baril de pétrole. Les pays émergents craignent de ne pouvoir soutenir la croissance de leur économie s'ils ne peuvent s'assurer de sources d'approvisionnement en énergies stables et suffisantes. De tout cela découle un constat simple. Sans énergie suffisante et dans une certaine mesure abordable, les rouages de l'économie mondiale se grippent, ce qui est néfaste pour les valeurs des investissements. L'immobilier, bien sûr, n'y échappe pas.

Encore une fois, au Québec, l'énergie est tellement en abondance que nous la tenons pour acquise. Lorsque Hydro-Québec, dans une période de froid sibérien, nous demande d'économiser un peu d'électricité ou lorsque le prix de l'essence grimpe de quelques sous le litre, alors seulement nous nous rappelons la nécessité de l'énergie. Autrement, nous avons tendance à oublier l'incontournable impératif que revêt l'énergie pour soutenir la vie... et l'immobilier !

DEUXIÈME IMPACT DE L'ÉNERGIE SUR LE MARCHÉ IMMOBILIER : HAUSSE IMPORTANTE DE L'INFLATION

Une variation de la demande, peu importe le produit ou le service concerné, a invariablement un impact sur le prix de vente qui est toujours proportionnel à cette variation, à la baisse ou à la hausse. La demande énergétique mondiale étant croissante, cela créera donc une augmentation du prix de l'énergie. Puisqu'une partie du prix payé pour tout ce que nous consommons sert à absorber les coûts énergétiques de la production, de la transformation et du transport de ces biens, on constate aisément qu'une hausse énergétique entraîne dans son sillage une augmentation systématique et généralisée des prix. En bout de course, le résultat au cours des prochaines années sera une inflation forte et soutenue (voir le chapitre 7).

Simplement en ce qui concerne la demande en électricité, un article au titre évocateur, soit « Énergie. Les nouveaux gloutons », paru dans *L'actualité* en août 2009, mentionnait que pendant la période allant de 1990 à 2008, la consommation d'électricité des appareils électroniques domestiques a connu une hausse annuelle de presque 7 %. C'est trois fois plus que la cible d'inflation visée par la Banque du Canada, et ce, pour un bien essentiel. Dans le même article, il était question d'une augmentation de la demande en électricité de 250 % d'ici 2030[228]. C'est environ 12,5 % d'augmentation par année, et ce, seulement pour l'électricité ! Selon une estimation de Garter Group, la facture d'électricité de Google, juste pour l'alimentation de ses serveurs informatiques, dépasserait les deux milliards de dollars par année[229] !

Devant de tels chiffres, comment peut-on feindre d'ignorer le retour de l'inflation? L'investissement immobilier, en raison de la protection qu'il offre contre l'inflation, continuera de gagner en popularité, ce qui aura pour effet d'alimenter encore plus... l'inflation!

À l'échelle mondiale, la croissance de la demande énergétique est en train de devenir un énorme problème. Par exemple, chaque jour, 8 000 nouvelles voitures[230] font leur entrée sur les routes de la Chine. C'est trois millions de véhicules, pour un seul pays, et ce, par année! Alors, imaginez la demande si on ajoute l'Inde, l'Indonésie, le Brésil et les autres pays émergents. Un article paru dans la revue *L'actualité* en septembre 2009 mentionnait même le chiffre de dix millions de voitures qui seront vendues en Chine par année. Les États-Unis en achètent neuf millions[231].

Différentes sources, dont la banque française Ixis-CIB, prévoient que le baril de pétrole pourrait atteindre 380 $US en 2015[232]. De son côté, Jeff Rubin, ancien économiste en chef de Marché mondiaux CIBC, maintenant auteur, prévoit pour sa part un baril de pétrole à 225 $ en 2012[233].

En Inde, la demande énergétique dépasse déjà l'offre de 50 %[234]. Par exemple, la consommation de gaz naturel augmentera de 68 % d'ici 2030[235]. Ce n'est qu'un début puisque ce pays devrait, selon les estimations, compter plus de 1,7 milliard d'habitants en 2050[236]. La demande en énergie et en ressources, donc en espace, ne fera que croître. La revue *Commerce*, en janvier 2008, estimait l'explosion des prix comme suit : pétrole, 436 %; cuivre, 403,5 %; nickel, 333,9 %; zinc, 272,3 %; minerai de fer, 262 %; charbon, 92 % et gaz naturel, 54 %[237]. Pour l'ensemble de la planète, l'augmentation de la consommation d'énergie est estimée à 50 % d'ici 2030[238] et, en 2050, la production d'énergie, sous toutes ses formes, aura doublé[240].

TROISIÈME IMPACT DE L'ÉNERGIE SUR LE MARCHÉ IMMOBILIER : TENSIONS SOCIALES ET INTERNATIONALES

Au chapitre 5, nous avons vu que certains « secteurs », en raison de la violence et des troubles sociaux, seront moins recherchés, ce qui contribuera à l'augmentation des valeurs de l'immobilier dans les régions sécuritaires. En ce sens, la crise énergétique annoncée contribuera à ce phénomène. Voici deux citations tirées du livre *Au bout du pétrole*, écrit par Normand Mousseau : « La crise mondiale de l'énergie est déjà commencée. Certes ses effets sont encore mineurs, mais on peut s'attendre à ce que la situation se dégrade considérablement d'ici 5 à 10 ans. », « Il est difficile pour la race humaine de concevoir un bouleversement aussi grand que celui qui nous attend d'ici quelques années. » Voilà qui en dit long.

Annonciatrices de la crise, des tensions entre la Chine et les États-Unis sont apparues en 2005 et se poursuivent depuis pour le contrôle de leur approvisionnement énergétique respectif, notamment en pétrole. Par exemple, la Chine s'impose de plus en plus en Afrique (Tchad, Soudan, etc.) et en Amérique du Sud, particulièrement auprès du Venezuela, pour signer des contrats d'approvisionnement pétrolier.

La stratégie chinoise, afin d'assurer son approvisionnement énergétique, est simple : acheter tout le pétrole disponible en offrant en prime d'investir dans les infrastructures du pays exportateur sans jamais intervenir dans la politique intérieure de ces pays souvent habitués de se voir imposer, principalement par les États-Unis, des règles de « conditionnalité » quant à la liberté de presse, à la protection des minorités, à une meilleure démocratisation, etc. Les grandes pétrolières américaines, Shell en tête de liste, ne peuvent rivaliser financièrement avec le gouvernement chinois.

En 1999, deux colonels chinois avaient expliqué dans un livre intitulé *Unrestricted Warfare*[242] que la stratégie de leur pays en cas de conflits serait entre autres de « paralyser l'ennemi en provoquant chez lui le chaos social » en créant des attaques informatiques contre des structures vitales, dont les contrôles énergétiques. Cette montée de tension a également amené la Chine à investir massivement afin d'augmenter sa flotte de bateaux de guerre. L'objectif étant évidemment de « protéger » ses approvisionnements pétroliers par voies maritimes contre la puissante flotte américaine, présente sur toutes les mers du monde. En parallèle, la Chine contribue également à la création de « pipelines » terrestres.

Les impacts sur l'immobiier de la fin de l'ère du pétrole

Sans que nous en prenions pleinement conscience, le pétrole et ses nombreux dérivés sont présents dans toutes les sphères de notre vie. Qu'il s'agisse bien sûr de carburants servant au transport, du chauffage au mazout, des plastiques contenant du pétrole, des dérivés pétroliers entrant dans la composition des engrais chimiques qui ont permis « la révolution verte », nom donné à l'explosion des rendements agricoles après la Seconde Guerre mondiale, bref, le pétrole est, sous une forme ou une autre, d'une utilisation variée et largement répandue sur la planète. Nous verrons dans cette section quelques données démontrant la fin de l'ère du pétrole, suivies, soyons positifs, des énergies qui ont déjà commencé à se substituer à « l'or noir ». Bien entendu, tout cela est analysé sous l'angle des impacts sur l'immobilier, des occasions et des menaces pour ce secteur.

De l'avis de nombreux géologues, le fameux pic de production du pétrole aurait déjà été atteint, au passage de l'année 2007 vers 2008[243]. La crise financière et la récession ont, ensemble, tellement accaparé l'actualité médiatique, qu'elles ont laissé bien peu de place pour cette nouvelle. De plus, en période de troubles économiques, il va de soi que la demande de pétrole diminue, ce qui a finalement poussé le pic de production pétrolière sous le tapis.

Pendant ce temps, nous continuons de consommer du pétrole. En Amérique du Nord, notre consommation est d'un peu plus de 25 barils par personne par année[244]... enfants inclus ! En considérant une consommation stable au niveau actuel, on estime qu'il nous reste assez de pétrole pour tenir jusqu'en 2047[245]. Dans les faits, il serait illusoire de croire que nous tiendrons si longtemps parce que la consommation augmentera d'année en année et que les nouvelles découvertes sont rares. Donc, comme l'écrivait Mousseau : « la crise pétrolière est à nos portes[246] ». Plus précisément, certains experts craignent un déséquilibre entre l'offre et la demande entre 2015 et 2020[247]. »

QUATRIÈME IMPACT DE L'ÉNERGIE SUR LE MARCHÉ IMMOBILIER : HAUSSE IMPORTANTE DE L'INFLATION

Réduire la dépendance énergétique au pétrole des États-Unis était une obsession de la présidence de W. Bush. Obama a repris ce flambeau en promettant de faire du développement des énergies vertes une des quatre grandes priorités de son mandat présidentiel. Au-delà des bonnes intentions environnementalistes, comme nous venons de le voir il s'agit d'une nécessité. Cependant, la recherche de nouvelles sources d'approvisionnement énergétique, ajoutée aux coûts d'extraction, de transformation ou de production de ces nouvelles énergies rendent l'aventure beaucoup plus coûteuse que ce que nous avons connu jusqu'à présent avec l'usage du pétrole. Voici un survol rapide de ces sources d'énergie alternatives et, surtout, une explication sommaire de leurs coûts et donc de l'augmentation de l'inflation ainsi que de la valeur de l'immobilier.

L'éthanol

En huit ans, soit entre 2000 et 2008, le nombre d'usines d'éthanol aux États-Unis a presque triplé, passant de 50 à 140. En 2007, un projet de loi aux États-Unis a été adopté, l'Energy Independence and Security Act[248], qui exige que la production de biocarburants, d'ici 2022, soit multipliée par... cinq! Cela représentera 136 milliards de litres d'éthanol[249]. L'objectif ultime, pour nos voisins du sud, est de remplacer le quart des importations de pétrole[250] par du biocarburant produit aux États-Unis. De notre côté, le gouvernement fédéral vise que l'essence vendue au pays contienne en moyenne 5 % d'éthanol en 2010 (projet de loi sur les carburants renouvelables C-33[251,252]. Pour finir, le gouvernement du Québec vise le même objectif que le Canada.

Le Québec produit 125 millions de litres d'éthanol et souhaite augmenter sa production, pour 2013, à plus de 400 millions de litres par année[253,254]. Pour atteindre cet objectif, le gouvernement du Québec regarde surtout en direction de l'éthanol cellulosique, obtenu à partir de la biomasse urbaine, agricole et forestière[255].

Vous l'aurez compris, cette transformation de l'approvisionnement énergétique exigera d'immenses terres, mais aussi d'importantes quantités d'eau[256]. Par exemple, la première usine d'éthanol de la Floride, située à Tampa, exige 1,5 million de litres d'eau par jour[257] alors que cet État est, tout comme l'ensemble du sud des États-Unis, aux prises avec des périodes de sécheresse chroniques. L'obsession énergétique ne semble pas connaître de limite!

Bien sûr, cette énergie coûtera plus cher, contribuant ainsi à l'augmentation de l'inflation (voir le chapitre 7). D'entrée de jeu, nous constatons que l'espace que nécessite la production d'éthanol favorisera les segments de marché regroupés sous l'immobilier sélectif horizontal. Il semble évident, aussi, que les cultures céréalières, afin de produire l'éthanol à titre de substitut au pétrole, soient inévitables.

La demande énergétique mondiale est tellement forte qu'elle se traduit par une recherche presque effrénée de solutions de rechange. Déjà, l'accaparation d'une partie de la production céréalière par l'industrie des biocarburants se répercute sur les prix des céréales et des oléagineux. L'effet domino qui en résulte au Canada a fait bondir la valeur moyenne des terres agricoles de 7,7 % en un seul trimestre de l'année 2007[258]. Sur une base annualisée, cela représente une augmentation des valeurs des actifs de plus de 30 %. Considérant une mise de fonds de 20 %, cela représenterait un rendement sur investissement de 150 %!

Nous ne serons donc pas étonnés que l'augmentation des valeurs ait été proportionnelle, selon les régions où les terres permettent aisément les cultures céréalières[259]. Les producteurs céréaliers délaissent les autres productions afin de répondre à la demande d'éthanol, cela crée une baisse de l'offre de ces produits, ce qui induit une augmentation de leur prix. Par exemple, le soya a augmenté de 87 %, tandis que le riz se vendait, en 2008, jusqu'à 74 % plus cher[260]. De mars 2007 à mars 2008, le prix du blé a bondi de 130 % (181 % en trois ans[261]).

Concrètement, cette mutation de la production énergétique a pour conséquence directe, par exemple, l'augmentation de 400 % du prix des tortillas au Mexique, qui sont faites traditionnellement avec du maïs. Vous n'avez que faire des tortillas? D'accord, alors je vais vous prendre par les sentiments avec la hausse du prix de la bière ! La production de celle-ci dépend de l'orge et du houblon, que l'on délaisse pour le blé[262]. Évidemment, cela a amené les gens à descendre dans la rue pour manifester leur mécontentement et protester contre ces augmentations de prix. Nous sommes chanceux, car au Canada, on peut se nourrir en consacrant de 10 % à 15 % de nos revenus à l'alimentation. Cette proportion est de 75 % dans les pays pauvres[263]. L'augmentation des prix des produits alimentaires, en raison de la croissance de la demande énergétique, fait donc encore une fois plus mal chez le voisin.

Dans un rapport, l'Organisation de coopération et de développement économiques (OCDE) mentionnait que l'accroissement de la demande énergétique, entre autres en provenance de la Chine et de l'Inde, ainsi que la montée du prix du pétrole sont deux facteurs qui expliquent pourquoi les prix des produits agricoles, et par le fait même celui des terres agricoles, devraient se maintenir, au cours des dix prochaines années, au-dessus de leur valeur moyenne de la décennie passée[264]. Au Québec, en 2007, la valeur moyenne d'une ferme québécoise, toutes productions confondues, s'établissait à 6 400 $ l'hectare[265].

Et nous n'en sommes qu'au début! Selon Jacques Diouf, directeur général du Programme alimentaire mondial des Nations unies, « [...] la demande accrue de biocarburant serait un des facteurs principaux de la crise alimentaire[266] ». Un article paru en avril 2008 dans *The Economist*[267] mentionnait que la crise alimentaire qui s'amorce est différente puisqu'elle n'est ni circonscrite à un seul pays ni subitement due à une catastrophe ou un conflit spontané. Pour faire « le portrait de la crise alimentaire actuelle », cet article utilisait l'image d'un « tsunami silencieux ». Ce n'est plus la bourse ou l'argent, c'est l'énergie ou la nourriture, le maïs étant maintenant indexé au cours du pétrole!

En 2007, selon la Banque mondiale, pas moins de 100 millions de tonnes de céréales ont servi à la fabrication de biocarburants. Cet organisme estime que 75 % de l'augmentation de 140 % des prix des denrées alimentaires, entre 2002 et 2008, est attribuable à l'essor des biocarburants[268]. Déjà, plus de 40 gouvernements parmi les pays développés encouragent la production de biocarburants[269]. Dans le cas des États-Unis, le cinquième de la production de maïs sert actuellement à produire de l'éthanol. Des pays en développement comme l'Inde et le Sénégal ont même instauré un ministère des Biocarburants[270]!

Au Canada, à titre de grand producteur et exportateur céréalier, le réacheminement d'une partie importante de nos cultures vers l'éthanol aura un impact majeur sur l'ensemble de la population de la planète[271]. Aux États-Unis, c'est 33 % du maïs produit par le pays qui sera, en 2014, transformé en éthanol[272].

Un autre point positif pour le Québec et son industrie forestière réside dans la récupération des résidus forestiers qui permettrait, selon certains experts, de produire jusqu'à 1,6 milliard de litres d'éthanol de bois[273], soit 20 % de notre consommation annuelle d'essence[274]. Ce faisant, nous pourrions en prime enlever un peu de pression sur la hausse des prix des produits alimentaires. Cela se révélera prometteur pour le « secteur » du Québec, riche en terres et en forêts. Comme le mentionnait un article du journal *Les Affaires* en février 2009, « [...] l'énergie de la biomasse pourrait considérablement changer le portrait socioéconomique du Québec en moins d'une génération[275] ».

L'énergie éolienne

En 2009, seulement 1,5 % de l'électricité produite dans le monde provenait de l'éolien. Il y a donc un grand potentiel de développement de ce côté. Par contre, tout n'est pas rose pour l'énergie du vent. Encore une fois, il faut de l'espace... mais pas nécessairement de terre, puisqu'il est possible d'installer les éoliennes en mer, par exemple. Évidemment, les différents coûts augmentent lorsque les pales tournent au-dessus d'un plan d'eau, alimentant encore plus l'inflation. Par contre, les « champs » d'éoliennes n'offrent pas un joli coup d'œil. De plus, elles sont bruyantes ! Ce dernier point jumelé au manque d'esthétisme des éoliennes plantées dans le paysage font qu'à mon avis, il sera de plus en plus difficile de trouver des sites appropriés. Autre détail : il faut du vent, ce qui, en dehors des corridors de vent, rend l'entreprise déficitaire.

Malgré tout, pas moins de 80 pays sont producteurs d'énergie éolienne. Étonnamment, le champion est nul autre que les États-Unis avec, tenez-vous bien, le Texas en tête du peloton des 50 États que compte notre voisin du sud ! Autre exemple, au Royaume-Uni, le gouvernement subventionne l'acquisition d'éoliennes en milieu résidentiel grâce à un programme appelé *Low Carbon Building*. Cette aide financière rembourse 30 % du prix de l'éolienne, et ce, jusqu'à une aide maximale de 5 000 $. Les propriétaires anglais vivant en milieu urbain installent carrément leur éolienne sur le toit de leur résidence[276]. Du côté de l'Allemagne, d'ici 2020, on prévoit plus que doubler la puissance éolienne actuelle, ce qui la portera à 55 000 mégawatts (MW)[277], dont 10 000 MW en mer, soit près de 20 % de la production d'énergie éolienne produite au large des côtes.

Le Québec, pour sa part, fait bonne figure en se classant dans le peloton de tête, parmi les 15 pays ayant la plus grande puissance éolienne. Nous produisons le tiers des 12 000 mégawatts du Canada[278]. Au Québec, les redevances annuelles minimales payables au propriétaire terrien sont de 2 500 $ par mégawatt de puissance installée[279]. Les éoliennes de la nouvelle génération produiront 2 MW, et généreront un « loyer », chaque année, d'au moins 5 000 $ par éolienne, ce qui est également le tarif exigé par le gouvernement lorsqu'il s'agit de terres publiques[280]. Voilà peut-être une solution partielle au déficit du gouvernement du Québec...

En 2010, au Québec, la puissance installée est de 531,5 MW, mais ce n'est que le commencement, car l'objectif est d'environ 4 100 MW en 2015[281], pour des investissements prévus de 5,5 milliards[282]. On n'a donc pas fini en Mauricie de voir des éoliennes en déplacement vers leur site d'installation. En tenant justement compte des coûts du transport, cette nouvelle énergie du vent coûtera à Hydro-Québec 10,5 cents le kilowattheure. C'est beaucoup plus cher que ce que la société d'État est habituée de payer, soit en moyenne 2,79 cents le kilowattheure[283].

En somme, la demande d'électricité augmente et comme Hydro-Québec est la vache à lait du gouvernement provincial, qui a lui-même des ennuis financiers, inévitablement, le prix du kilowattheure devra augmenter. L'énergie étant derrière toute production de biens ou de services, les prix de ceux-ci devront suivre à la hausse et entraîner de l'inflation (voir le chapitre 7). Sans faire ici l'apologie de ce qui deviendra bientôt un débat de société, nous devons savoir que chaque fois que la Régie de l'énergie permet une augmentation d'un sou du kilowattheure, cela rapporte 1,8 milliard de dollars à l'État québécois. Pour vous brosser le portrait, en 2010, nous payons, au Québec, seulement 6,8 cents du kilowattheure. En Norvège, le tarif est de 12 cents le kilowattheure[284]. Cela représente pratiquement le double, et c'est un choix de société ! De ce côté-ci de l'océan, on veut le beurre, l'argent du beurre et en plus il faut qu'il nous soit livré avec le sourire, et ce, gratuitement !

Le charbon

Fin 2009, le gouvernement du Québec, au cours de la rencontre de Copenhague, a lancé une campagne de publicité dans laquelle on nous rappelle que 97 % de l'énergie que nous produisons est verte et renouvelable. C'est tout à notre honneur... malgré les 3 % qui ont déjà généré 2 500 tonnes de déchets radioactifs ! Sans compter la réfection de la centrale nucléaire Gentilly II qui, dans les années à venir, en produira autant !

Dans un contexte de recherche effrénée de sources d'énergie, je ne pouvais passer sous silence les dommages énormes que cause l'utilisation du charbon. Les chiffres diffèrent énormément quant à la production d'électricité à partir de ce combustible fossile des plus polluants. Selon différentes sources, ce serait 36 %[285] de l'électricité mondiale qui proviendrait de l'utilisation de charbon, selon d'autres, ce serait plutôt la moitié[286] ou les deux tiers[287]. Plus précisément, ce serait 80 % de l'électricité en Chine qui serait produite par les centrales au charbon, 75 % en Inde, 56 % aux États-Unis et 48 % au Japon[288]. C'est beaucoup de pollution atmosphérique, surtout lorsque l'on sait que la demande en électricité devrait augmenter de 100 % d'ici 2030[289] !

En tenant compte que des parties de la Terre sont déjà quasi invivables tellement la pollution y est omniprésente, comment ne pas se préoccuper d'éventuels déplacements de masse de certaines populations contraintes à l'exode par un air devenu irrespirable? Déjà, en 2008, la combustion du charbon était la principale source d'émission de CO_2 avec 6,2 milliards de tonnes par année[290] ! Pour rendre cela plus clair, on compare l'émission de gaz polluant d'une seule centrale au charbon (moyenne de 500 mégawatts) à ce que produisent en une année 750 000 voitures[291].

Imaginez maintenant le résultat à venir sachant que les États-Unis, qui possèdent actuellement 600 centrales fonctionnant au charbon, projettent d'en construire 150 autres[292]. Ce n'est presque rien, car au cours des deux prochaines années, donc d'ici 2012, la Chine et l'Inde ont la ferme intention d'ériger... 800 nouvelles centrales électriques au charbon ! Actuellement, 56 % des foyers de l'Inde n'ont pas l'électricité, ce qui fait dire aux spécialistes que la demande indienne en électricité sera multipliée par trois d'ici 2025[293].

De son côté, la Chine, pour atteindre ses objectifs énergétiques, devra construire chaque année de nouvelles centrales électriques dont la puissance équivaut à la capacité de production totale de la Grande-Bretagne[294]. Cela revient à une nouvelle centrale électrique au charbon par jour[295] ! À 750 000 voitures la centrale, cela commence à faire un joli parc automobile !

Toute cette frénésie énergétique aura pour double conséquence de générer inévitablement une inflation soutenue, ce qui est favorable à l'immobilier, et aussi de produire malheureusement une quantité astronomique de pollution atmosphérique qui rendra les pays « verts », comme le Québec, excessivement attirants pour les étrangers fatigués de respirer tant bien que mal à travers un masque ! Vous vous dites peut-être qu'à ce rythme nous manquerons de charbon avant que tout ne soit enduit d'une suie noire. Eh bien, non. Les réserves américaines de charbon à elles seules pourraient fournir une énergie équivalente à trois fois et demie l'énergie contenue dans les réserves pétrolières d'Arabie saoudite (5,5 millions de milliards de BTU)[296]. On estime ainsi que les réserves mondiales de charbon pourront suffire à la demande pendant encore 50 à 100 ans[297].

Le gaz naturel

Le gaz naturel, en raison de sa combustion quasi parfaite, est beaucoup moins polluant que le charbon[298]. Par contre, le faible développement des infrastructures de transport et d'entreposage du gaz naturel ne facilite en rien son utilisation en Amérique du Nord. Dans son dernier rapport, la CIA, préoccupée par l'approvisionnement énergétique des États-Unis, écrivait que « [...] le gaz naturel reste à la traîne du pétrole sur le marché mondial parce que les exigences techniques et les investissements pour le produire et le transporter sont supérieurs à ceux que requièrent les combustibles pétroliers [...], on s'attend que toute nouvelle forme d'énergie exige le même type d'investissements massifs[299] ». Qui dit investissements massifs pense aussi à inflation massive !

Selon le rapport 2005 de British Petrolium, les réserves mondiales en gaz naturel représentent environ 163 milliards de tep (unité de mesure énergétique) soit, à peu de choses près, autant que les réserves de pétrole conventionnel[300]. Le Canada, par contre, posséderait moins de 1 %[301] des réserves mondiales de gaz naturel et au rythme actuel d'exploitation, les gisements de gaz naturel d'Amérique du Nord seront épuisés en 2015[302]. Voilà pourquoi les pressions sont déjà fortes pour la construction de ports méthaniers, permettant l'importation puis l'acheminement de gaz naturel liquéfié. Cependant, cette façon de faire exige, selon Mousseau, des « infrastructures coûteuses et dangereuses[303]». Ce qui, inévitablement, contribuera à propulser les prix vers des sommets encore inégalés. Dans le monde, les réserves seront épuisées vers 2045[304]... ou avant, puisque la consommation annuelle ne cesse de croître.

L'énergie solaire

Voilà une énergie propre et abondante, ayant des airs futuristes. Il reste néanmoins que cette énergie est également coûteuse en raison des installations sophistiquées que sa captation exige. Par exemple, *The Globalist* rapportait qu'« [...] en mai 2007, la Corée du Sud a démarré la construction de la plus grosse centrale de production d'énergie solaire au monde. La centrale, d'un coût de 170 millions de dollars américains, comprend 109 000 modules solaires, dont la superficie totale équivaut à 80 terrains de football[305] ». Un autre défi à relever avec l'énergie solaire est la rareté du silicium[306], nécessaire à la transformation de l'énergie solaire en électricité. On estime malgré tout qu'il s'agira, en 2050, de la source la plus importante d'énergie renouvelable[307].

Pour finir, dans la recherche de sources d'énergie alternatives, des projets aux allures futuristes de production d'électricité dans l'espace, par le biais de panneaux solaires installés en orbite, là où l'énergie solaire est disponible 24 heures sur 24, et ce, sans nuages, sont en cours de réalisation. Deux entreprises californiennes, Solaren et Pacific Gas and Electricity, développent chacune leur projet en ce sens. Tenant compte du fait que le poids de l'équipement, dont la durée de vie est d'environ 15 ans, oscille entre 100 et 120 tonnes et qu'il en coûte 3 000 $ par livre (plus cher que Postes Canada!) pour expédier le tout dans l'espace, on prévoit vendre de l'électricité à environ 16 sous le kilowattheure, et ce, si tout va bien, à compter de 2016[308].

En plus des défis techniques qui, sans être insurmontables pour le génie humain, représentent tout de même de beaux dépassements de coûts en perspective, il y aura très certainement de grandes sources d'opposition de la part de groupes de pression. Les dangers de vivre à proximité de lignes à haute tension sont connus, imaginez les inquiétudes des résidents habitant à proximité des installations de réception et de reconversion en électricité des ondes en provenance de l'espace.

Voilà pour les impacts sur l'immobilier de la soif insatiable de l'être humain pour l'énergie. La recherche de nouvelles sources d'approvisionnement énergétique et les sommes astronomiques que le monde devra investir en infrastructures afin de transformer, transporter et entreposer ces énergies feront en sorte de gonfler le taux d'inflation à des niveaux insoupçonnés. De plus, beaucoup d'espace sera réquisitionné par les sites d'exploitation de l'énergie et par l'installation des infrastructures. De plus, ce qui est extrêmement atterrant, de larges secteurs de la Terre, un peu partout, deviendront invivables en raison de la pollution massive de l'environnement immédiat de ces sites de production d'énergie.

CHAPITRE 7

L'IMMOBILIER : ENCORE UN BON PLACEMENT À FAIRE

L'inflation est greffée d'un paradoxe. D'une part, l'augmentation des prix dans une économie saine est un beau chat qui, par son ronronnement, indique une croissance économique. Cependant, elle est aussi un rat qui se nourrit en grignotant votre pouvoir d'achat.

Jusqu'à maintenant, nous avons pu constater que l'inflation se prépare à entrer en ébullition en raison essentiellement de :

- l'augmentation démographique sur la planète qui propulse la demande (augmentation au cours des 15 prochaines années de 1 300 millions d'êtres humains);
- les changements de modes de vie menant à une consommation accrue de biens et de services de la part d'une classe moyenne mondiale grandissante;
- l'augmentation de la demande énergétique;
- la fin progressive de l'ère du pétrole, ce qui aura un impact sur le cours du brut;
- l'arrivée d'énergies alternatives exigeant des investissements importants en recherche et en développement ainsi que pour la construction de nouvelles infrastructures, donc des énergies beaucoup plus coûteuses;
- la reprise de la croissance économique qui est souhaitée par tous et particulièrement par les dirigeants politiques et d'entreprises.

Dans leur livre *Le monde en 2025*, les auteurs mentionnent : « au cours des vingt prochaines années (2010 à 2030), la mondialisation économique continuera selon toute vraisemblance à stimuler la croissance mondiale. Cette dernière devrait être plus soutenue sur la période 2006-2030 que dans la période 1985-2006, essentiellement à cause de l'accélération de croissance des économies en voie de développement[309] ». Cette vision d'une ère de développement économique mondial soutenu vient appuyer l'ensemble des faits présentés auparavant et confirme, hors de tout doute, le retour d'une inflation féroce. La recherche d'une protection contre ces pressions inflationnistes est un incontournable afin de protéger le pouvoir d'achat. À mon avis, l'immobilier sélectif horizontal est la meilleure protection du fait de l'augmentation des valeurs immobilières (voir le chapitre 9).

Cette croissance économique repose sur une forte demande de produits et de services. Une demande qui à son tour découle de la confiance. En somme, lorsque les gens, les entreprises et les gouvernements ont confiance en l'avenir, ils achètent, consomment et favorisent ainsi la demande. De plus, celle-ci est aussi stimulée par les changements démographiques. À tout cela s'ajoutent les premiers pas que nous faisons actuellement dans un nouveau monde. Cette crise énergétique qui s'amorce nous mènera à une transformation en profondeur de nos sources d'approvisionnement en énergie.

Plus loin dans leur livre *Le monde en 2025*, les auteurs ajoutent : « Les investissements en infrastructures pour répondre à la demande croissante d'énergie se chiffreraient au total à 20 000 milliards jusqu'en 2030. Reste à savoir si les investissements nécessaires pourront être réalisés à temps pour éviter un goulot d'étranglement de l'approvisionnement.[310] ». Seulement en Chine et uniquement au niveau de son approvisionnement en électricité, « ...la République populaire devrait investir 3 000 milliards[311] de dollars jusqu'en 2030[312]... ». Renversant !

Toujours selon Gnesotto et Grevi, « [à] l'horizon 2025-2030, selon la plupart des extrapolations actuelles, la population chinoise sera de 1,44 milliard : le pays verra sa consommation énergétique exploser, avec une demande en pétrole accrue de 135 %, de 260 % pour le gaz et de 105 % pour le charbon[313] ». Ce n'est que dans 15 ou 20 ans ! Les Chinois représenteront alors 17,5 % de la population mondiale. C'est énorme pour un seul pays, mais ces chiffres ne mentionnent pas la consommation du reste du monde, soit 82,5 % des habitants de la Terre !

Évidemment, l'ensemble de ces facteurs crée une pression à la hausse sur les prix, ce qui entraîne ce phénomène à la fois souhaité et craint par les économistes : l'inflation. Selon Donald Coxe, stratège mondial chez BMO Nesbitt Burns, la hausse des prix est inévitable en raison de quatre « ressources clés qui ne seront plus en surplus, mais en pénurie[314] ». Il s'agit bien sûr du pétrole, des métaux, des grains et des travailleurs qualifiés dans les pays occidentaux. Cet expert en finance prévoit « un retour de l'inflation à long terme ».

Un autre spécialiste de la finance, Bernard Mooney, va dans le même sens en affirmant : « À plus long terme, cependant, je peux vous assurer que l'inflation redeviendra un ennemi important. Il faut s'y préparer tout de suite. Sinon, votre pouvoir d'achat diminuera d'année en année. Vous ne le sentirez pas, mais vous vous appauvrirez. Inévitablement[315]. » Ce même auteur, dans un autre article, ajoute : « Par contre, à moyen terme, il est certain qu'on aura à affronter le démon de l'inflation. Ce n'est qu'une question de temps[316] ! ». Cela me semble parfaitement clair.

Poursuivons. Un article du journal *Les Affaires* mentionnait en janvier 2009: « L'émergence d'une nouvelle classe moyenne dans le monde, en particulier en Inde et en Chine, [...] offrira une foule d'occasions d'affaires aux entrepreneurs qui pourront répondre à cette folle demande en biens et services[317]. » Cette « folle demande » générera également une « folle augmentation des prix », et ce, pour absolument tout ! « Tout » incluant bien entendu l'immobilier sélectif...

Voici deux exemples révélateurs tirés des médias : « Stimulé par les craintes de pénurie, le prix du sucre a explosé de plus de 90 % depuis le début de l'année[318]. » D'ailleurs, le prix du riz, cette céréale servant d'aliment de base à de nombreux peuples, a augmenté, en avril 2008, de 30 % en une seule journée[319] !

À court terme, soit jusqu'en 2014, les gestionnaires de la Pacific Investment Management Company prévoient, eux aussi, une « faible croissance économique et une forte inflation [...] parmi les facteurs qui bouleverseront le monde financier[320]. » De son côté, Pierre Lassonde, le fondateur de Franco-Nevada Mining Corp., l'un des plus grands succès boursiers aurifères des années 1980[321], abonde dans le même sens en prédisant, à son tour, le retour de l'inflation.

David Foot, un auteur que j'ai déjà cité, ajoute un autre fait militant en faveur de l'immobilier lorsqu'il mentionne : « Les obligations rapportent peu en période d'inflation parce que la valeur du capital et des intérêts se trouve diminuée par l'inflation[322]. » Afin de démontrer l'impact dévastateur que peut avoir l'inflation sur le pouvoir d'achat, voici un exemple présenté par la Banque du Canada : 1 942 $ est la somme qu'il aurait été nécessaire de débourser en 2008 pour acheter un panier de biens et de services qui, en 1914, coûtait 100 $. La valeur de ce panier a donc augmenté de 1 842 % en 94 ans[323].

En prenant le même taux d'inflation, mais appliqué cette fois à un investissement immobilier, par exemple un terrain payé 10 000 $ au début de la Première Guerre mondiale, ce même lot aurait une valeur marchande aujourd'hui de 194 200 $, ce qui représente un rendement annuel moyen de 19,6 % (1 842 % / 94 ans). Ce chiffre étonnant résulte simplement de l'effet de l'intérêt composé sur... l'intérêt composé. Voilà pourquoi l'immobilier sélectif peut être considéré pour contrer les nuages noirs de l'inflation.

Je vous propose un autre exemple à partir d'un revenu familial annuel moyen qui avoisine les 40 000 $ en Amérique du Nord. Pour simplifier, disons que vous payez 10 000 $ d'impôt, 10 000 $ en versements hypothécaires sur votre résidence et un autre 10 000 $ en paiement sur vos autres prêts (auto, étudiant, etc.). Finalement, vous vivez frugalement avec les 10 000 $ restants. Voilà pourquoi vous êtes en train de lire ce livre! Sérieusement, dans l'éventualité où, grâce à ses politiques monétaires, la Banque du Canada réussit à maintenir le taux d'inflation à l'intérieur de la fourchette cible, soit entre 2 et 3 %, disons 2,5 %, et que votre salaire est bonifié par une augmentation du même ordre, votre pouvoir d'achat est intact. Ouf!

Par contre, ce qui se produit le plus souvent est que l'inflation est de 2,5 %, ou beaucoup plus, mais votre augmentation de salaire est nulle ou de seulement 2 %. Vous venez de perdre 200 $ de pouvoir d'achat (2,5 % - 2 % = 0,5 % de 40 000 $).

Voilà pourquoi nous entendons parfois dire qu'en « dollars constants », collectivement, notre pouvoir d'achat s'effrite. Dans cet exemple, si vous remplacez le salaire par un revenu de placement, comme une rente provenant d'intérêts sur des certificats de placement garanti (CPG), vous vous retrouvez dans la même situation. Vous perdez!

En fonction d'un rendement de 4 %, votre portefeuille devrait s'élever à 1 000 000 $ pour vous assurer un revenu annuel brut de 40 000 $. L'inflation n'augmente pas la valeur de votre portefeuille (sauf de ses composantes immobilières), mais s'attaque à votre pouvoir d'achat en vous obligeant à faire moins de chemin avec vos 40 000 $, année après année, en augmentant le prix de tout ce que vous consommez. Résultat : dans une décennie, votre portefeuille de placements vaudra toujours un million et les revenus seront également constants à 40 000 $. Par contre, votre pouvoir d'achat ne vaudra plus que 30 000 $ (40 000 $ - ((40 000 $ x 2,5 %) x 10))).

Par contre, si votre revenu de 40 000 $ provient de l'immobilier, disons de la location d'une résidence secondaire (1 000 $/semaine x 40 semaines/année), au fur et à mesure que l'inflation augmente les prix des biens et des services, vos revenus suivent la même courbe. En effet, les gens s'attendent à payer plus cher pour louer votre propriété... qui vaut également plus cher!

Pour finir, dans notre plan « I » (« I » pour « immobilier »), votre résidence secondaire vaut maintenant 1 279 975 $ ((1 000 000 $ x 102,5 %) x 10 ans) et vos revenus sont, 10 ans plus tard, de 51 199 $ (40 000 $ x 102,5 %) x 10)). Voilà le point culminant de l'explication : vos revenus suivent l'augmentation de l'inflation! Vous ne perdez donc jamais un sou en pouvoir d'achat et votre capital investi dans l'immobilier augmente également! Je me demande finalement si le « p » dans CPG signifie placement ou... pauvreté? D'où l'importance de porter une réelle attention au chapitre suivant.

François Dupuis, économiste en chef chez Desjardins, affirmait en janvier 2009 : « Plusieurs craignent que la Fed [Réserve fédérale américaine] soit en train de semer les graines d'une inflation incontrôlable. Ils jugent que l'explosion du bilan de la Fed équivaut à une utilisation démesurée de la planche à billets, une action inévitablement inflationniste à moyen terme[324]. » Le mois suivant, un article du journal *Les Affaires* allait dans le même sens en ajoutant : « Lorsque la crise financière sera résorbée, plusieurs experts craignent que cette injection de capitaux n'engendre le problème inverse, une reprise de l'inflation[325]. » Je crois que l'avenir ne tardera pas à leur donner raison.

Un autre éminent spécialiste de la finance qui prévoit également le retour de l'inflation n'est nul autre que Stephen Jarislowsky, président du conseil Jarislowsky Fraser, qui soulignait en juin 2009 que l'inflation « fera rebondir les prix de l'immobilier[326] ». Cela me fait dire de nouveau que l'immobilier peut représenter un excellent outil contre l'inflation... pour les investisseurs qui y auront déjà investi ou le feront prochainement! « Les gens qui sont propriétaires ne se rendent pas toujours compte de la protection dont ils jouissent », affirme Marc Dubuc, directeur, développement de produits et stratégies de marché, chez Desjardins[327]. En ce qui concerne ceux qui attendront le bon moment pour entrer sur le marché immobilier, c'est très simple, ils subiront un lent appauvrissement par la perte graduelle de valeur du papier imprimé conservé trop précieusement dans leur portefeuille.

Une autre grande poussée inflationniste proviendra, je vous l'assure, dès les prochaines années, des changements sociaux déjà amorcés en Chine. En fait, une série de facteurs sont en action en ce moment et il en résultera une poussée de l'inflation. Je m'explique. La croissance soutenue de ce pays crée une augmentation de la richesse qui, à son tour, comme nous l'avons vu, favorise le développement d'une classe moyenne qui se trouve en très forte progression. Le gouvernement central chinois, dans son désir de maintenir un certain ordre social à l'intérieur de ses frontières, se doit, afin de répondre aux attentes de ces nouveaux détenteurs de richesse, de maintenir une cadence de croissance soutenue d'environ 8 % par année. Cela représente une demande énorme !

Cet état de fait a jusqu'à maintenant amené les décideurs chinois à négliger l'environnement, la santé et la sécurité d'une partie de ses travailleurs et, jusqu'à un certain point, l'éducation de sa jeunesse. En somme, pratiquement sans filet social, les Chinois se doivent d'économiser afin d'assurer eux-mêmes leur avenir et celui de leurs enfants. L'épargne est donc très développée, ce qui nuit bien entendu à la consommation, limitant ainsi la demande de biens et de services, ce qui a permis, jusqu'à maintenant, le maintien d'une inflation relativement faible. Mais cela va changer !

En Chine, les pressions sont déjà fortes pour que le gouvernement étende les mesures de protection sociale ainsi que les services à la population que nous considérons, en Occident, comme des acquis normaux : soins de santé, éducation, protection de l'environnement, accès à l'eau potable, à l'électricité, etc. Cette prise en charge par le gouvernement de responsabilités qui étaient jusqu'à maintenant du ressort des individus libérera davantage de ressources financières chez ces derniers qui pourront ainsi consommer davantage sans s'inquiéter. Cette augmentation additionnelle de la consommation produira une demande accrue de biens en tous genres. L'augmentation des prix sera inévitable et l'inflation progressera d'une façon encore jamais vue.

Déjà en 1995, l'écologiste Lester Brown soulevait le problème du manque de ressources dans son livre au titre évocateur *Who Will Feed China?* Selon les estimations de cet auteur, et là nous ne parlons pas de l'Inde et de tous les autres pays en voie de développement, « à son rythme actuel, en 2030 [la Chine] engloutira à elle seule 70 % de la production mondiale de blé, 75 % de la production de viande. Et consommera plus que toute la réserve de pétrole disponible [...][328] ». Exagéré? Même en divisant ces estimations par deux, l'inflation générée serait encore assez rapide pour enregistrer un nouveau record aux 100 mètres!

Alors, l'inflation sera fulgurante. L'espace mondial disponible diminuera alors que la demande d'espace augmentera. Des segments de marché immobilier offrent beaucoup d'avenir et d'autres, non, tout cela en remplacement des « blocs ». Au cas où vous hésiteriez encore à échanger vos CPG ou vos actions contre de l'immobilier sélectif horizontal, le prochain chapitre vous convaincra d'agir.

CHAPITRE 8

LA SÉCURITÉ FINANCIÈRE : MIEUX VAUT Y PENSER SOI-MÊME

Beaucoup de gens, considérés comme des adultes, agissent pourtant comme s'ils étaient des enfants... du système ! « C'est la faute du gouvernement » ou « C'est au gouvernement de payer pour ça » : ces phrases me font littéralement dresser les cheveux sur la tête. Ce n'est pas peu dire pour le frisé que je suis ! Eh bien, je vous annonce que l'heure du réveil a sonné. La fonction *snooze*, qui permet de dormir encore un peu, est hors d'usage pour cause de surutilisation. Nous voilà majeurs et vaccinés, grippe A oblige !

Nous devons dès maintenant cesser de nous fier aux autres et encore moins au gouvernement. Assurons nous-mêmes notre sécurité financière en nous bâtissant un capital immobilier intelligent. Protégeons notre niveau de vie à la retraite en générant un revenu résiduel stable, ce que peuvent permettre plusieurs types d'investissement immobilier. Dans ce chapitre, vous apprendrez pourquoi l'immobilier est un bon véhicule d'investissement afin d'atteindre ces deux objectifs.

Voyons à présent les trois facteurs socioéconomiques et démographiques qui nous obligent à agir et à nous responsabiliser financièrement, en investissant intelligemment dans l'immobilier sélectif au lieu de risquer notre argent ailleurs tout en obtenant des rendements faméliques.

LES FINANCES PUBLIQUES SONT AUX SOINS INTENSIFS !

Actuellement, au Québec, les dépenses liées uniquement à la santé accaparent 45 % du budget du gouvernement. En 2015, on estime que 50 % des revenus seront monopolisés par ce seul poste de dépenses. Selon l'économiste Pierre Fortin, en 2019, le vieillissement de la population ajoutera six milliards de dollars supplémentaires aux dépenses, et ce, annuellement au budget de la santé du Québec. Dix ans plus tard, 19 milliards[329] de plus seront nécessaires par année pour absorber les coûts du vieillissement de la population.

Il s'agit de chiffres exorbitants et on ne parle que de dépenses supplémentaires pour couvrir les augmentations de coûts pour un seul poste budgétaire! En prenant conscience de ces données, comment peut-on encore croire que les finances publiques reviendront au vert d'elles-mêmes simplement avec la croissance attendue de l'économie?

Selon le Conference Board, en 2020, pour l'ensemble du Canada, les dépenses liées au maintien de notre régime de santé devraient atteindre annuellement le chiffre astronomique de 150 milliards[330]. Selon les économistes Pierre Fortin (UQAM) et Marc Van Audenrode (Université Laval), en 2025, si nous conservons les règles fiscales et les avantages sociaux actuels, nous aurons une perte de revenus annuelle de 5 milliards en plus du même montant en dépenses additionnelles, ce qui créera un « trou budgétaire » de 10 milliards[331]! La situation est criante de réalité. L'arrivée d'une crise budgétaire gouvernementale, avec son cortège de conséquences sociales, est tellement proche que, même le nez collé dessus, la majorité des gens préfèrent nier l'évidence au lieu d'agir, au lieu d'investir!

En plus des dépenses qui ne cessent de croître, les revenus provenant des impôts, de leur côté, dépendent d'un nombre de contribuables sans cesse en diminution. La classe moyenne, souvent considérée comme le ciment de la société, s'effrite et disparaît ainsi progressivement. Les dernières statistiques publiées par le ministère des Finances en 2009 démontrent que le nombre de contribuables non imposés a bondi de 3,9 % en moyenne par année, entre 1980 et 2006, pour atteindre 2,2 millions de contribuables... qui ne contribuent plus! Résultat : en 2006, plus du tiers des gens (36,9 %) ne payaient pas d'impôt sur leurs revenus. En 1980, c'était moins du quart (23,5 %)[332].

En somme, les dépenses des gouvernements explosent alors que de moins en moins de gens contribuent aux revenus par le versement d'impôts. Attention, je ne critique aucunement. Je ne fais pas de politique; je souhaite uniquement jeter un éclairage sur la situation précaire des finances publiques qui, à mon avis, ne nous laisse aucune autre option que nous responsabiliser, surtout financièrement! Vous avez deviné, cette situation signifie, pour moi, investir dans l'immobilier sélectif horizontal! (Voir le chapitre 9).

Plusieurs drapeaux rouges sont agités. Lors d'une allocution, Ben Bernanke, le président de la Réserve fédérale américaine, mentionnait ceci : « Il faut commencer tout de suite à réduire les bénéfices à la population et à augmenter les taxes sinon nous aurons une crise financière et fiscale de proportion monstrueuse quelque part d'ici 2030[333] ». Cet homme, à la tête de la plus imposante machine financière du monde, parle d'agir dans les deux sens, soit couper dans les services et augmenter l'assiette fiscale. En attendant, tout le monde a droit à toute la gamme des services et, comme il y a de moins en moins de gens pour en défrayer les coûts, les gouvernements, afin d'éviter de déplaire à une masse grandissante d'électeurs, utilisent leur carte de crédit même si la limite est déjà atteinte...

LES FONDS DE PENSION SONT À L'AGONIE

Deuxième facteur, et non le moindre, nécessitant une « responsabilisation financière » : les fonds de pension ont le fond percé ! Inutile de jouer à l'autruche. Il faut se sortir la tête du sable et constater que... le sablier se vide ! En effet, tous les pays développés ressentent déjà, sur l'état général de leurs finances publiques et plus particulièrement sur les fonds de pension *assurés*, les conséquences du déséquilibre grandissant entre les cotisants et les bénéficiaires. Il y a trop de retraits en proportion des dépôts.

Ce phénomène encore jamais vu est le résultat du vieillissement de la population et de l'augmentation de l'espérance de vie, que les démographes ont baptisé « l'inversion de la pyramide des âges », ajoutés à l'obligation (et à un grand désir !) de prendre une retraite. Cette superposition de facteurs fragilise les capitaux devant maintenir et assurer un certain niveau de vie pendant la retraite aux anciens cotisants. Voyons de plus près ce qu'il en est.

En 2010, les pays développés comptent quatre travailleurs pour un retraité. En 2025, ce ratio sera de trois travailleurs pour un retraité[335]. Puis, dans vingt ans, en 2031, ce ratio ne sera plus que de deux travailleurs pour une personne à la retraite[336]. Imaginez, deux travailleurs pour chaque personne âgée, cela représente une charge financière énorme ! Et ce n'est que dans vingt ans !

Afin de rassurer la frange de la population consciente du cul-de-sac financier dans lequel nous nous trouvons, l'idée véhiculée, et avec laquelle je suis partiellement d'accord, est d'augmenter la productivité de la nation en utilisant la voie de l'innovation. Cependant, nous avons beau, au Québec remporter régulièrement la palme de la créativité, il n'en demeure pas moins qu'« au cours des 15 prochaines années, le nombre de personnes ayant entre 55 et 69 ans augmentera de 490 000, alors que le nombre de personnes de 15 à 54 ans au Québec diminuera de 280 000[337] ». J'ai l'impression que l'innovation ne fera, devant l'ampleur du défi à relever, que ralentir la perte d'altitude et que nous trouverons encore que la piste d'atterrissage arrive un peu trop vite !

Ce que je constate, c'est que, peu importe sous quel angle nous regardons le piètre état des finances publiques, un incontournable demeure : l'obligation de prendre individuellement notre avenir financier en mains. Par exemple : « Selon l'Institut canadien des actuaires, les deux tiers (67 % !) des ménages canadiens prévoyant une retraite en 2030 n'auront pas assez d'argent pour assumer leurs frais de subsistance (nourriture, logement, habillement, etc.). De plus, selon Statistique Canada, 29,4 % des ménages n'avaient aucun avoir de retraite en 2005[338]. » Dans le même ordre d'idées, Keith Ambachtsheer, directeur du Centre international Rotman sur les pensions, estime que 4,6 millions de Canadiens n'auront pas suffisamment d'argent à la retraite pour maintenir un niveau de vie raisonnable[339]. Cela fait beaucoup de monde, vous ne trouvez pas?

Une autre donnée marquante nous provient cette fois d'un sondage publié en 2009 par le journal *Les Affaires*, qui nous apprenait qu'à la suite de la crise financière que nous venons de vivre, seulement 28 % des Canadiens jugent encore qu'ils auront suffisamment d'argent à la retraite pour avoir le style de vie qu'ils souhaitent[340]. Ce n'est même pas 3 personnes sur 10.

Que feront les sept autres? Voilà ma proposition : se prendre en mains, agir dès maintenant, économiser pour investir, se créer activement un revenu... passif! Choisir, à la lumière de l'information contenue dans ce livre, l'immobilier sélectif! (Voir le chapitre 9).

Un autre article, paru dans *La Presse* en mai 2009, mentionnait l'urgence d'agir en ces termes : « Même si les avantages du régime de rentes étaient réduits pour stopper l'hémorragie quand les *baby-boomers* vont déferler vers la retraite, ceux qui sont déjà prestataires ne verront par leurs avantages changer. Il en ira tout autrement pour ceux qui prendront leur retraite après la prochaine révision du régime, prévisible en 2011[341]. » Ainsi, les acquis des premiers seront préservés, mais les bénéficiaires suivants, qui auront payé davantage... devront accepter moins! Cette perspective est une motivation à l'investissement, non?

Déjà, beaucoup de pression se fait sentir pour que les révisions à la hausse des cotisations, prévues initialement pour 2011, soient devancées en 2010. Le Régime des rentes du Québec est évidemment visé par ces hausses tarifaires, mais également la majorité des autres services offerts par l'État québécois, tels que ceux de la SAAQ, de la CSST, le régime parental[342], etc. Ces rajustements (lire hausses de tarifs) sont déjà amorcés. Rappelons que dans le cas de la RRQ, par exemple, pendant vingt ans, le taux de cotisation s'est maintenu à 3,6 %. À compter de 2010, de nouvelles augmentations de 0,1 % par an seront instaurées, ce qui portera le taux de cotisation des travailleurs à 10,4 % en 2015[343]. Uniquement pour le RRQ, le taux de cotisation aura été multiplié par trois!

Il n'en demeure pas moins, vous en conviendrez avec moi aisément, qu'augmenter les tarifs, pour les gestionnaires de l'État, est devenu un pur réflexe. L'autre avenue envisagée, qui n'exclut en rien les augmentations tarifaires, est d'augmenter l'âge d'admissibilité aux régimes. « Selon les calculs de l'ONU, pour maintenir le rapport actuel entre travailleurs et retraités, l'âge de la retraite devrait être porté à 75 ans dans la plupart des pays industrialisés[344] ! »

Au Québec, le vieillissement de la population créera une première onde de choc en 2013 lorsque la proportion des gens en âge de travailler commencera son déclin : « [...] l'effet du choc démographique sur les finances publiques sera brutal et, surtout, lourd de conséquences pour les acquis sociaux des Québécois[345] ». Un article de *L'actualité* traitant du « choc de 2013 » mentionnait que la Régie des rentes du Québec « n'aura d'autre choix, un jour ou l'autre, que de relever l'âge où les Québécois auront droit à leurs pleines prestations de l'État, ce qui aura un effet d'entraînement sur le secteur privé[346]. » Traduction libre : payez le triple maintenant, vous en profiterez beaucoup plus tard... peut-être ! Heureusement que l'espoir nourrit !

Les augmentations du taux de cotisation au régime des rentes du Québec et la possibilité de plus en plus sérieusement étudiée de retarder l'âge légal de la retraite découlent des prévisions actuarielles. Ces dernières font régulièrement référence à l'année 2037, année où les fonds de la Régie des rentes pourraient se retrouver à sec. Cependant, en tenant compte de la crise financière de 2008 et des conséquences désastreuses qu'elle a engendrées en pertes de capital, cette échéance devrait, selon un nouveau scénario, se rapprocher de 15 ans[348]. Nous parlerions donc de la fin des « chèques de pension » en 2022...

En réalité, vous, moi ou les actuaires, personne ne sait. Le seul consensus vient du fait que le barrage est fissuré en plusieurs endroits et qu'il est irresponsable de continuer d'habiter à sa base...

Juste pour m'assurer que le clou est bien enfoncé, voici d'autres éléments de réflexion dont j'aimerais vous faire part. D'abord, selon une analyse du Groupe-conseil Aon, 94 % des régimes de retraite à prestations déterminées d'entreprises canadiennes affichaient en 2009 un déficit de solvabilité[349]. La rédactrice en chef de la revue *Commerce* écrivait en janvier 2009 : « Depuis 2000, les réserves des régimes de retraite privés fondent les unes après les autres. Remplir leurs obligations futures deviendra de plus en plus difficile[350] !» Voilà qui est clair.

Concrètement, voici un exemple parmi tant d'autres d'un régime de retraite en difficulté, soit celui de Postes Canada. Ce dernier, qui comptent tout de même 80 000 cotisants, a vu sa valeur chuter de 19,3 % en 2008[351]. Consolez-vous, puisqu'en cette même année, l'ensemble des caisses de retraite canadiennes ont connu « la baisse annuelle la plus forte de leur histoire », soit 310 milliards de pertes[352] ! »

Devant tous ces fonds (troués) de pension, le gouvernement du Québec a, en janvier 2009, adopté la loi 1 « [...] qui prévoit l'amortissement des déficits [des fonds de retraite cette fois] sur 10 ans sans consentement des parties [...][353] ». Rien de moins ! Soyez rassuré puisque depuis juillet 2008, la loi fédérale sur la faillite et l'insolvabilité « assure une meilleure protection des travailleurs en cas de faillite de l'employeur ». On ajoute cependant un peu plus loin que « s'il n'y a plus un sou dans l'entreprise, il n'y aura pas de miracle[354] ». Évidemment ! Ceci au même titre que tout propriétaire d'immeubles d'appartements qui sait pertinemment qu'il est inutile de poursuivre un locataire fautif si ce dernier est également insolvable ! Ces deux éléments allant malheureusement souvent de pair.

On pourrait être tenté de se consoler en se comparant, car la situation précaire des fonds de pension est partout la même. « Le Canada et les États-Unis sont parmi les pays riches où la sécurité financière des retraités est la plus déficiente[355] », écrivait, en mai 2009, Jean-Paul Gagné, éditeur du journal *Les Affaires*, sous un titre évocateur : « Que fait-on des sans-pensions? ». Au sujet des déficits des régimes de pension, le même auteur mentionnait dans un autre article paru précédemment, en février 2009, rien de moins que ceci : « C'est à peine exagéré de parler d'une bombe à retardement[356]. »

À la lumière de tout ce qui précède, la très grande fragilité des régimes de pension publics n'est plus à démontrer. De leur côté, les grandes entreprises peinent à soutenir leurs fonds de pension. Les PME, quant à elles, ne peuvent carrément pas offrir ce genre de « sécurité » à leurs employés. Je laisserai donc ici aux actuaires le soin de calculer, en tenant compte des changements des paramètres mentionnés précédemment, les prévisions quant au niveau de vie des futurs retraités. Les journalistes économiques pourront par la suite, en temps et lieu, renseigner le public désireux d'en savoir davantage.

Je conclurai cette section avec le conseil numéro un de M. Paul Dontigny, président d'Investissement PDJ. Ce spécialiste de la finance recommande de ne pas compter, pour assurer ses vieux jours, « uniquement » sur un régime de retraite, ce à quoi il ajoute : « Prévoyez un plan B[357] ». Voilà précisément le but de ce livre.

POURQUOI INVESTIR EN IMMOBILIER PLUTÔT QUE DANS LES AUTRES VÉHICULES DE PLACEMENT?

Puisque vous lisez ce livre, à moins de l'avoir reçu en cadeau et de le lire pour faire plaisir à votre donateur, vous avez un certain intérêt pour l'immobilier ou, à tout le moins, une lueur de curiosité, signe d'une intelligence étincelante! Formidable! J'espère qu'à la lumière de l'information contenue dans ce livre jusqu'ici, votre intérêt pour l'immobilier a été nourri... mais que vous avez encore faim!

Au-delà des faits majeurs qui font de l'immobilier un choix d'investissement plus qu'intéressant (l'offre d'espace limité, manque de terres arables, pertes de territoires causées par la pollution, désertification et augmentation du niveau des mers en raison du réchauffement climatique, protection contre l'inflation, demande accrue de terre découlant de l'augmentation démographique, déplacements de population et changements de mode de vie qui exigent toujours plus d'espace), l'immobilier est palpable, concret!

Le secteur immobilier a vécu une légère correction de ses valeurs, un rajustement inégal selon les régions. N'ayez aucune inquiétude, le marché demeure solide. Par exemple, en 1995, la moyenne canadienne était de 64 mauvais payeurs hypothécaires pour 10 000 emprunteurs alors qu'au Québec on en comptait 104. En 2009, la moyenne québécoise était de 25 mauvais payeurs pour 10 000 emprunteurs[358]. On est très loin, du moins au Québec, du marasme décrit parfois dans les médias. Deux distinctions de marché expliquent cette différence. D'abord, le marché des prêts hypothécaires à risque a été offert plus récemment chez nous, ce qui a eu pour résultat qu'au moment de la crise financière, ces prêts représentaient moins de 5 % du marché canadien des prêts pour l'habitation. Au même moment, aux États-Unis, ce segment à risque avait atteint 14 % du marché, presque trois fois plus! Puis, les normes ou conditions d'admissibilité pour obtenir un prêt étaient plus rigoureuses de ce côté-ci de la frontière qu'aux États-Unis[359]. Voilà pour les turbulences.

« Autre avantage: l'immobilier ne fluctue pas dans le même sens ni dans les mêmes proportions que le prix des actions. Il permet donc la diversification du portefeuille en bonifiant le rendement sans augmenter le risque », explique François Des Rosiers, professeur en gestion urbaine et immobilière à l'Université Laval[360]. C'est un fait connu que l'investissement immobilier est sécuritaire et stable dans le temps. J'ajouterais même que le marché immobilier tend à contrebalancer les soubresauts boursiers en jouant un rôle profitable dans la diversification d'un portefeuille.

Ceci étant dit, j'aimerais tout de même vous exprimer une part de mes convictions quant à la solidité de l'immobilier sélectif comme si nous procédions par élimination. Voici trois autres éléments ou raisons supplémentaires venant appuyer l'idée :

1. Les scandales financiers ne cessent de défrayer la manchette... et ce n'est que le début. Bien sûr, je vous l'accorde, il y a également des fraudeurs spécialisés en immobilier. Cependant, une personne seule peut plus difficilement organiser une arnaque immobilière. Habituellement, il faut le concours d'un agent immobilier sans code d'éthique, d'un notaire véreux, d'un faux inspecteur en bâtiment, d'un évaluateur malhonnête et

d'un directeur de banque cupide de connivence avec ce joyeux groupe. Cela commence à faire une belle équipe, ce qui vous offre autant de possibilités de vérification.

2. Les bourses flanchent. « Ce qui signifie que la Bourse américaine n'a affiché aucun gain depuis maintenant huit ans. Pire : elle a reculé de 20 % en huit ans. Très moche comme rendement[361]. » Cette affirmation est tirée d'un article intitulé « Un marché baissier qui est passé incognito », paru en août 2008 et écrit par Bernard Mooney, spécialiste du dossier finances au journal *Les Affaires*. « Depuis le début de la crise, la capitalisation de la Bourse d'Islande a perdu 90 % de sa valeur. » Vous avez bien lu, pas 9 %, ce qui aurait déjà été énorme, mais bien 90 % ! Cette situation a obligé le gouvernement de ce pays à faire ce que les investisseurs et particulièrement les retraités redoutent tout en se disant, pour se rassurer, « que c'est impossible, le gouvernement ne fera jamais ça ». Bien sûr que les pensions des Islandais ont été réduites !

Pour ma part, je crois qu'il n'y a plus d'investisseurs à la Bourse, il ne reste que des joueurs. Je ne veux pas fâcher qui que ce soit, mais lorsque l'on ne contrôle rien, on n'investit pas, on joue. Vous aurez beau essayer de vous convaincre du contraire en lisant des rapports annuels et en assistant à toutes les réunions d'actionnaires que vous voudrez, au final, quel est votre pouvoir décisionnel réel? J'ai le regret de vous dire qu'il avoisine le zéro absolu !

La Bourse était au départ un excellent moyen d'obtenir du financement pour les entreprises. C'est peut-être l'origine de l'appellation donnée à ce marché; « bourse », au Moyen Âge, désignait le sac qui contenait les pièces d'or. Peu importe la provenance du nom, les organisations à la recherche d'argent peuvent trouver leur compte sur le parquet d'une bourse. Le PDG d'une entreprise cotée en Bourse peut, pour des raisons évidentes, empocher pas mal d'argent lui aussi. Il en va de même pour les actionnaires majoritaires. Par contre, l'investisseur, particulièrement celui qui ne détient qu'une participation minoritaire, n'est à mon avis qu'un joueur qui espère pouvoir faire un bénéfice en ayant misé sur le bon cheval.

Il est évident que ce que je viens d'écrire m'attirera les foudres de certains. J'assume. Il n'en demeure pas moins que pendant que je rédige ces lignes, des ordinateurs puissants dotés de logiciels d'analyse des flux transactionnels sont au stade des dernières mises au point. L'objectif est de pouvoir effectuer des transactions, vous l'aurez deviné, rien de moins qu'en temps réel, et ce, à partir de l'analyse informatique des données. Aux boursicoteurs, je vous souhaite la meilleure... des chances!

3. Finalement, hormis l'immobilier, tous les autres types ou véhicules de placement sont abstraits et reposent de ce fait sur une variable aussi importante que précaire : la confiance. Qu'il s'agisse de bons du Trésor américain, d'obligations d'épargne, de fonds XYZ ou de certificats de placement garanti (qui en passant garantissent

votre capital et non le rendement, donc on vous donne l'assurance que vous ne perdrez pas d'argent... alors que le but est d'en faire!), vous investissez dans du papier.

Je n'irai pas plus loin à ce sujet, j'aime trop le concret de l'immobilier et les titres de propriété pour me lancer dans des abstractions. Je n'ajouterai qu'une chose : les gouvernements vous empruntent de l'argent parce qu'ils génèrent des déficits budgétaires. Ils ont, eux aussi, comme tout le monde, une cote de crédit qui est révisée périodiquement. Prêteriez-vous votre argent à un individu endetté qui, ne voulant pas prendre les décisions qui s'imposent, utilise sa carte de crédit pour combler la différence entre ses revenus et ses dépenses? Sûrement que non! Alors, conséquemment, pourquoi accorder un prêt à l'État qui agit exactement de la sorte?

Cette situation financière, mathématiquement intenable, est accentuée par une espérance de vie qui ne cesse d'augmenter. Le mur vers lequel nous nous dirigeons est proche. Serrer le volant en fermant les yeux et en espérant que le heurter ne fera pas trop mal est inutile... Entrer en action et investir est la seule façon de se tirer d'affaire. Voilà pourquoi investir en immobilier sélectif horizontal est une décision à considérer. Voyons maintenant, dans le chapitre suivant, l'immobilier du futur, soit l'immobilier sélectif, tel qu'il sera défini à la fin du prochain cycle, nous portant à l'horizon de 2015.

CHAPITRE 9

L'IMMOBILIER SÉLECTIF HORIZONTAL OU L'IMMOBILIER DU FUTUR

Nous y voilà enfin! Après un survol des sept principales causes de la perte d'espace sur notre planète qui, au départ, offre déjà une surface limitée, nous avons ensuite vu que l'être humain exige toujours plus de superficie de terre afin de combler une partie de ses insatiables besoins. De ces bouleversements majeurs et rapides, que nous ne percevons pas encore dans leur pleine mesure, découlent des changements profonds qui favorisent l'investissement immobilier. Cependant, les règles du jeu ont changé. Ce qui fonctionnait hier pourrait, demain, causer la perte de l'investisseur immobilier qui, dans l'ère nouvelle qui s'amorce, continuera d'appliquer aveuglément des équations dépassées.

C'est sur ces bases que je peux affirmer que le vaste monde de l'immobilier sera dorénavant segmenté entre les créneaux d'avenir et ceux en perte de vitesse. C'est ce que j'appelle « l'immobilier sélectif ». Parmi les dix segments profitables qu'offre le marché immobilier (chapitre 3), l'investisseur averti, ayant constamment à l'esprit le déséquilibre grandissant entre l'offre et la demande d'espace, devra à compter de ce jour ne retenir que ceux qui offrent le plus d'espace possible. C'est ce que je nomme « l'immobilier horizontal ». C'est ainsi qu'après trois années de recherche et d'analyse de données est né dans mon esprit le concept ayant servi de titre à ce chapitre, soit « l'immobilier sélectif horizontal » ou, si vous préférez, l'immobilier du futur.

Dans les prochaines années, la valeur qui sera accordée à la moindre parcelle de terrain nous rappellera la valeur allouée depuis longtemps à chaque pied carré au cœur des centres-villes des métropoles du monde. En effet, lorsque l'on y réfléchit, les centres-villes se sont développés essentiellement en hauteur, un « immobilier vertical », en raison du prix du terrain qui, au pied carré, était effectivement très élevé. Maintenant, que feriez-vous si vous aviez le choix entre acquérir un immeuble ou un terrain, dont la valeur de l'un ou de l'autre serait d'un million de dollars, sachant que l'espace sera très recherché? En cas de doute, je vous suggère de relire « La mort des blocs » au chapitre 2.

Le bon investissement, toujours concernant l'immobilier sélectif horizontal, exigera également qu'une attention toute particulière soit accordée à la localisation, ce fameux secteur, qui continuera de prendre de l'importance. Puisque nous parlons d'espace, la valeur du secteur sera d'abord définie par la qualité de son environnement immédiat. En premier lieu, la qualité du sol sera à considérer. Au Québec, il existe depuis longtemps une classification des types de sols. Plus récemment, une attestation de la qualité du sol a commencé à être exigée afin d'obtenir le permis de construction d'une nouvelle résidence, lorsque cette dernière n'est pas desservie par les services d'égout et d'aqueduc municipaux. Ensuite, la qualité de l'air sera également prise en compte. Pour finir, un élément inéluctable dans l'évaluation du secteur sera la disponibilité, en quantité et en qualité, de l'eau potable.

Dans mon dernier livre, *Investir et réussir en immobilier*, j'ai mentionné cinq ratios permettant essentiellement aux propriétaires-occupants de faire le meilleur choix dans l'achat de leur plex (deux à cinq appartements). À l'avenir, l'investisseur actif dans l'immobilier sélectif horizontal devra travailler avec de nouveaux outils d'analyse. Dans le cas de l'évaluation du secteur, considérant ce qui précède, un nouveau ratio d'analyse serait à élaborer. On pourrait appeler celui-ci le SAE, pour sol-air-eau. En attribuant une note sur 10 à chacun, on pourrait se retrouver avec un code qui ressemblerait au sac d'engrais « 20-20-20 » qui utilise le même principe. Je vois déjà sur la fiche technique d'un terrain, par exemple, un SAE de 6-10-8. L'idée est lancée !

UN SEGMENT PARTICULIER : MAISONS DE CAMPAGNE, RÉSIDENCES SECONDAIRES ET CHALETS LOCATIFS

Cette section porte sur trois types de propriétés qui, ensemble, forment un segment de marché d'avenir qui aurait très bien pu être regroupé avec les autres segments porteurs mentionnés au chapitre 3. J'ai fait le choix de les aborder distinctement pour trois raisons :

1. L'aspect locatif à cours ou à plus long terme de ces propriétés peut compenser partiellement les sous-segments des immeubles résidentiels locatifs (chapitre 2).
2. Nous verrons plus loin que la demande pour ce segment est extraordinaire.
3. En attendant que l'utilisation des nanotechnologies soit mise en marché ou que la collecte des résidus forestiers en vue de la production d'électricité ou d'éthanol soit organisée, l'aspect locatif de ce segment permet de financer l'acquisition de l'espace.

D'abord, les maisons de campagne désignent des propriétés existantes et situées en milieu rural. Les acheteurs de maisons de campagne en font soit leur résidence principale, en y emménageant à temps plein, soit s'en portent acquéreurs à titre de résidence secondaire. Cette dernière situation est parfois temporaire, le temps d'atteindre la retraite ou qu'un changement de carrière permette que ce nid chaleureux devienne la résidence principale. À cet effet, il est bon de rappeler que l'on peut vendre sa résidence principale sans payer d'impôt sur le gain en capital, puis emménager dans sa résidence secondaire, qui devient alors la nouvelle résidence principale. Au moment de la revente de cette dernière, l'imposition sur le gain en capital sera calculée pour la période située entre l'année d'acquisition et l'année précédant sa conversion en résidence principale[362]. Bref, une belle option financière et de vie!

La maison de campagne, lorsque utilisée au cours des weekends et des vacances, remplace alors la résidence secondaire qui, tout comme la maison de campagne, est également construite hors des milieux urbains, le plus souvent en bordure d'un cours d'eau. La résidence secondaire est une construction suffisamment spacieuse afin de permettre éventuellement un changement d'affectation pour devenir une résidence principale.

La résidence secondaire se démarque aussi de la maison de campagne du fait qu'il s'agit d'une construction récente. Lorsque la résidence secondaire arbore un style rustique, ce qui n'est pas nécessairement toujours le cas, ce n'est pas dû à l'effet du temps, mais est bien le résultat d'une volonté, lors de la construction, de lui donner un aspect chaleureux par l'utilisation de matériaux naturels (bois, pierre, etc.) ou par la récupération de vieux matériaux auxquels on redonne une seconde vie.

À la lecture du recensement de 2006, on apprend que la population rurale du Québec a augmenté de 5,3 % en cinq ans[363], portant celle-ci à 1,5 million de personnes. Des données en contradiction avec la diminution de 7,8 % du nombre de gens vivant du secteur agricole et d'une réduction de 4,6 % du nombre de fermes[364]. On comprend alors aisément que l'afflux d'une partie de la population vers les régions moins densément peuplées est le fruit d'une nouvelle clientèle. Les données démontrent que c'est parmi le groupe des plus de 45 ans que l'on retrouve le plus de propriétaires de maisons de campagne. Comme les *baby-boomers* en font partie, il est possible de conclure que les résidences secondaires constitueront à l'avenir un segment très demandé[366].

Un autre élément à prendre en considération est le fait que les *baby-boomers* ne sont plus les seuls à désirer une résidence secondaire. Voilà que la génération X (personnes nées entre 1965 et 1980) fait également son entrée dans le camp des acheteurs ! Nous avons donc, à compter de 2010, simultanément deux cohortes d'acheteurs désireux d'acquérir une maison de campagne ou une résidence secondaire. Hélène Bégin, économiste chez Desjardins, affirmait en juin 2009 : « La tendance démographique milite en faveur d'un engouement pour la propriété de villégiature.[367] » D'autres données indiquent qu'en 2030, plus de 60 % de la population de la planète sera citadine et que le taux d'urbanisation, dans les pays industrialisés, atteindra 81,7 %[368]. L'expression « on a besoin d'air » va retrouver ses lettres de noblesse !

L'auteur David Foot écrivait dans son livre : « Après tout, le tourisme est une industrie en croissance dans une population vieillissante puisque les gens d'âge mûr ont plus d'argent et que les personnes âgées ont tout leur temps pour voyager[370]. » Un peu plus loin, il ajoutait : « La plupart des Canadiens vivent dans les grandes villes, mais l'appel de la nature reste profondément enraciné dans leur psyché[371]. » C'est dire à quel point nous sommes friands de grands espaces, de quiétude et de nature.

Voici un exemple qui concerne une femme de mon entourage, disons ma belle-mère, puisqu'il s'agit d'elle... L'été dernier, avec une amie, elle a loué un chalet pendant deux semaines. Mado envisage-t-elle d'acheter une résidence secondaire? Certainement pas et ce n'est pas en raison des coûts, mais bien des travaux et des responsabilités qui viennent avec le titre de propriété. Ma belle-mère, en femme avertie, sait intuitivement que, dans sa situation, il sera toujours beaucoup plus avantageux de louer une résidence secondaire que d'en acquérir une. Ainsi, elle préserve son capital, et ce, sans travaux d'entretien ou de rénovation à effectuer ou à superviser. En prime, la location lui évite les soucis ainsi que les frais d'entretien, les taxes municipales et scolaires (qui représentent des montants souvent appréciables), les coûts d'assurance, etc.

Où en sont les valeurs de ce segment de marché? Afin de répondre à cette question, la firme Royal LePage publie chaque année un rapport sur l'état du marché des chalets. Selon les données publiées, le prix des propriétés de villégiature est stable depuis 2004. Pour vous donner une idée des prix, par exemple dans les Cantons-de-l'Est, en 2008, il fallait débourser entre 400 000 et 500 000 $ pour acheter une propriété de trois chambres, habitable à l'année et disposant d'un terrain de 100 pieds de façade sur la rive d'un lac[372].

En 2010, la situation de ce segment de marché est la suivante :

- peu de cours d'eau sont accessibles au sud du Québec;
- les sites de villégiature qui n'ont pas encore été développés sont rares;
- il y a une forte demande de deux strates de la population (la génération X et celle des *baby-boomers*).

Considérant ces trois facteurs, les prix des propriétés de ce segment des résidences secondaires ne peuvent que prendre la direction de la stratosphère !

De ce qui précède, il ressort de façon claire qu'un des segments de choix en immobilier, dans les prochaines années, sera la location de résidences secondaires, de maisons de campagne et de chalets. Avis aux intéressés !

LES GRANDS DE CE MONDE ONT DÉJÀ COMPRIS LE MESSAGE

Jim Rogers, le maître de la finance et surnommé « the biking investor », pour avoir fait le tour du monde à moto, affirme sans détour : « Voilà l'avenir. Le blé, la terre, l'eau. Vous n'avez pas besoin d'action, mais vous aurez toujours besoin de manger et de boire. Cela, c'est du concret. Investissez là-dedans et vous ne serez pas déçu[373] ! ». De son côté, le milliardaire bien connu, George Soros, semble d'accord puisqu'en 2002 il a acheté une entreprise, Pecom Agribusiness, propriétaire de 100 000 hectares de terre en Argentine. Il a récidivé en 2004 au Brésil avec une transaction lui permettant de mettre la main sur 27 000 hectares de plantations supplémentaires[374]. Si ce n'est pas de l'immobilier horizontal, dites-moi ce que c'est !

Au moment d'écrire ces lignes, la Corée du Sud, la Chine, l'Inde et beaucoup d'autres pays sont entrés dans une course afin d'assurer leur « sécurité alimentaire ». Par exemple, la multinationale Daewoo, que nous connaissons pour ses voitures, investit elle aussi dans la terre. Fin 2008, elle a signé une entente de 99 ans avec le gouvernement de Madagascar, prenant ainsi le contrôle de 1,3 million d'hectares, soit la moitié des terres cultivables de ce pays qui compte parmi les plus pauvres du globe[375]. À la suite de « rébellions populaires », cette entente aurait été annulée au printemps 2009[376]. Ce n'est pas surprenant, imaginez une entreprise prenant le contrôle de 50 % du territoire du Québec !

Autre exemple, en 2009, des pays du golfe Persique (Koweït, Qatar, Émirats arabes unis) ont conclu une entente avec le Cambodge qui leur permettra de cultiver, pour leurs propres besoins, une superficie de 2,5 millions d'hectares[377]. Cela représente, sur les six millions d'hectares que compte le pays, 42 % des terres dont disposent les Cambodgiens ! De son côté, la Chine négociait récemment avec la Zambie un contrat de location concernant deux millions d'hectares dans le but, cette fois, d'y cultiver du jatropha (une plante non comestible) pour en faire du biocarburant[378]. L'empire du Milieu a également investi 800 millions de dollars au Mozambique afin d'augmenter les rendements agricoles de cultures qui lui sont bien entendu destinées. L'Inde, pour sa part, loue des terres à vil prix en Éthiopie (3 à 10 dollars l'hectare par année contre 237 dollars l'hectare aux États-Unis) pour cultiver du thé.

Ces exemples sont réels. Je vous parle de ce qui est fait ou est en voie de se conclure dans les prochains mois. Croyez-moi, la tendance en immobilier n'est plus aux « blocs ». Ce qui compte dorénavant, c'est l'espace, la terre, soit l'immobilier sélectif horizontal !

CONCLUSION

D'énormes changements planétaires sont à nos portes. L'immobilier sélectif permettra à l'investisseur informé de se mettre à l'abri de l'inflation tout en assurant le maintien de son pouvoir d'achat. Ces transformations à venir créeront des occasions, mais aussi des sables mouvants. Voilà pourquoi, dorénavant, l'investisseur immobilier ne pourra plus simplement affirmer « être dans l'immobilier ». Il devra aussi préciser dans quelle jonction ses investissements se trouvent, selon les axes représentés par le segment de marché et le secteur géographique. Gardez à l'esprit que le nouveau mot d'ordre de l'investissement immobilier est : espace!

Ainsi, de nouvelles occasions d'investissement immobilier viendront de l'engouement de plus en plus prononcé pour la nature, le repos, la villégiature et les grands espaces. De plus, les bouleversements mondiaux, autant en ce qui concerne les changements climatiques, les changements démographiques que la recherche de nouvelles sources d'énergie, créeront d'autres créneaux, principalement par la location d'espace ou de terrains. Malgré ces défis gigantesques, le Québec demeure une terre promise pour les investisseurs immobiliers.

Cessons de chercher un coupable aux dérapages financiers et économiques actuels et garantissons individuellement et par nous-mêmes notre avenir. Nous avons de nombreux privilèges simplement du fait que nous vivons dans un pays libre, riche de ses ressources. Assumons maintenant les responsabilités qui viennent avec les avantages et les largesses que nous nous offrons, collectivement. Devenons responsables. Prenons-nous en mains! Investissons intelligemment dans l'immobilier sélectif horizontal! Bon succès!

RÉFÉRENCES

INTRODUCTION

1 Nicole Gnesotto et Giovanni Grevi (dir.), *Le monde en 2025*, Éditions Robert Laffont, 2007, p. 8.

2 « La citation », *Les Affaires*, 19 septembre 2009, p. 15.

3 La Presse Canadienne, « Ottawa accusera un déficit jusqu'en 2019 », *Le Nouvelliste*, 17 juillet 2009, p. 15.

4 Jean-Paul Gagné, « Je n'aime pas », *Les Affaires*, 26 septembre 2009, p. 10.

5 Jean-François Cloutier, « Adaptez votre stratégie au nouvel univers du placement », *Les Affaires*, 11 juillet 2009, p. 20.

CHAPITRE I

6 Doan Bui, *Les affameurs*, Éditions Privé, 2009, p. 130.

7 www.wikipedia.org

8 Nicole Gnesotto et Giovanni Grevi (dir.), *Le monde en 2025*, Éditions Robert Laffont, 2007, p. 48.

9 Nicole Gnesotto et Giovanni Grevi (dir.), *Le monde en 2025*, Éditions Robert Laffont, 2007, p. 102.

10 Doan Bui, *Les affameurs*, Éditions Privé, 2009, p. 147.

11 Valérie Borde, « Péril en nos jardins », *L'actualité*, 15 juin 2008, p. 36.

12 Valérie Borde, « Péril en nos jardins », *L'actualité*, 15 juin 2008, p. 36.

13 François Normand, « Les émissions de la Chine surpasseront celles des États-Unis », *Les Affaires*, 28 avril 2007, p. 26.

14 François Pesant, « Les réfugiés du climat », *L'actualité*, décembre 2008, p. 53.

15 François Pesant, « Quel statut pour ces “sans-terre”? », *L'actualité*, décembre 2008, p. 56.

16 Valérie Borde, « Vive le gleysol! » *L'actualité*, 15 juin 2008, p. 37.

17 Valérie Borde, « Péril en nos jardins », *L'actualité*, 15 juin 2008, p. 35.

18 Jean-Michel Nahas, « Ça achève », *Le Journal de Montréal*, 18 janvier 2009, p. 5.

19 François Cardinal, « Le Canada doit se préparer au pire », *Le Nouvelliste*, 26 novembre 2009, p. 34.

20 François Cardinal, « Les Îles-de-la-Madeleine bientôt coupées en deux? », *La Presse*, 20 novembre 2007, p. A-7.

21 Associated Press, « La hausse du niveau de la mer serait moins forte que prévu », *Le Nouvelliste*, 16 mai 2009, p. 36.

22 André Fauteux, « Défi climat : vite, des véhicules électriques et des maisons autonomes », *La Maison du 21e siècle*, été 2008, p. 8.

23 Nicole Gnesotto et Giovanni Grevi (dir.), *Le monde en 2025*, Éditions Robert Laffont, 2007, p. 89.

24 Daniel Chrétien (coordination), « Le grand dérangement », *L'actualité*, janvier 2009, p. 80.

25 Nicole Gnesotto et Giovanni Grevi (dir.), *Le monde en 2025*, Éditions Robert Laffont, 2007, p. 102.

26 François Cardinal, « Les Îles-de-la-Madeleine bientôt coupées en deux? », *La Presse*, 20 novembre 2007, p. A-7.

27 François Normand, « Le monde en 2025 sera plus riche, mais plus instable », *Les Affaires*, 3 janvier 2009, p. 10.

28 *The Globalist*, « Des ouragans plus nombreux et plus destructeurs », *Les Affaires*, 15 septembre 2007, p. 5.

29 *The Globalist*, « Des ouragans plus nombreux et plus destructeurs », *Les Affaires*, 15 septembre 2007, p. 5.

30 *The Globalist*, « Des ouragans plus nombreux et plus destructeurs », *Les Affaires*, 15 septembre 2007, p. 5.

31 Nicole Gnesotto et Giovanni Grevi (dir.), *Le monde en 2025*, Éditions Robert Laffont, 2007, p. 95.

32 Associated Press, « La hausse du niveau de la mer serait moins forte que prévu », *Le Nouvelliste*, 16 mai 2009, p. 36.

33 F. G., « Bill Gates veut dompter les ouragans », *L'actualité*, 1er octobre 2009, p. 12.

34 François Pesant, « Les réfugiés du climat », *L'actualité*, décembre 2008, p. 53.

35 Doan Bui, *Les affameurs*, Éditions Privé, 2009, p. 178-179.

36 Agence France-Presse, « Sécheresse, 70 % de la Terre menacée », *Le Journal de Montréal*, 4 octobre 2009, p. 4.

37 Valérie Borde, « Péril en nos jardins », *L'actualité*, 15 juin 2008, p. 34.

38 François Pesant, « Les réfugiés du climat », *L'actualité*, décembre 2008, p. 53.

39 Valérie Borde, « Sols en crise », *L'actualité*, juin 2008, p. 41.

40 Jean-Paul Thiéblot, « La pollution en Chine semble hors de contrôle », *Les Affaires*, 1er décembre 2007, p. 3.

41 Nicole Gnesotto et Giovanni Grevi (dir.), *Le monde en 2025*, Éditions Robert Laffont, 2007, p. 99.

42 Nicole Gnesotto et Giovanni Grevi (dir.), *Le monde en 2025*, Éditions Robert Laffont, 2007, p. 48.

43 François Normand, « Le monde en 2025 sera plus riche, mais plus instable », *Les Affaires*, 3 janvier 2009, p. 10.

44 Laura-Julie Perreault, « Un milliard de personnes souffrent de la faim », *Le Nouvelliste*, 15 octobre 2009, p. 25.

45 F. N., « Là où le vieillissement freine la croissance », *Les Affaires*, 3 janvier 2009, p. 11.

46 Yanick Desnoyers, économiste en chef adjoint à la Financière Banque nationale, « Stabilisation des prix des maisons aux États-Unis », *Les Affaires*, 28 février 2009, p. 17.

47 Maurice N. Marchon, « Matière grise dans le rouge », *Commerce*, mai 2006, p. 25.

48 Jonathan Trudel, « Choc 2013, Québec, les années zéro », *L'actualité*, 15 mars 2005, p. 26.

49 René Vézina, « Portrait d'un Québec en déclin », *Les Affaires*, 21 avril 2007, p. 7.

50 « La démographie ne va pas si mal », *Les Affaires*, 21 avril 2007, p. 17. Extrait d'une conférence donnée par M. Jacques Parizeau.

51 Éric Lallier avec La Presse Canadienne, « Le visage de la Mauricie prend de l'âge », *Le Nouvelliste*, 16 juillet 2009, p. 5.

52 Pierre Saint-Arnaud avec La Presse Canadienne, « Tendance renversée », *Le Journal de Montréal*, 16 juillet 2009, p. 43.

53 D. F., « Jeunes couples recherchés », *Les Affaires*, 13 décembre 2008, p. 19.

54 Jonathan Trudel, « Choc 2013, Québec, les années zéro », *L'actualité*, 15 mars 2005, p. 30.

55 Jonathan Trudel, « Choc 2013, Québec, les années zéro », *L'actualité*, 15 mars 2005, p. 30.

56 Dossier « Développement durable », *Les Affaires*, 10 mai 2008, p. 48.

57 Dossier « Développement durable », *Les Affaires*, 10 mai 2008, p. 48.

58 Dominique Beauchamp, « Et si l'inflation s'installait pour longtemps? », *Les Affaires*, 28 avril 2007, p. 9.

59 F. N., « Des millions de nouveaux consommateurs », *Les Affaires*, 3 janvier 2009, p. 11.

60 Nicole Gnesotto et Giovanni Grevi (dir.), *Le monde en 2025*, Éditions Robert Laffont, 2007, p. 36.

61 Doan Bui, *Les affameurs*, Éditions Privé, 2009, p. 137.

62 Dominique Beauchamp, « Et si l'inflation s'installait pour longtemps? », *Les Affaires*, 28 avril 2007, p. 9.

63 Doan Bui, *Les affameurs*, Éditions Privé, 2009, p. 148.

64 Doan Bui, *Les affameurs*, Éditions Privé, 2009, p. 167.

65 F. N., « Immenses besoins en infrastructures », *Les Affaires*, 3 janvier 2009, p. 11.

66 Associated Press, « Depuis 15 ans, 6,6 millions d'habitants ont quitté la Russie », *Le Journal de Montréal*, 6 octobre 2009, p. 51.

67 Nicole Gnesotto et Giovanni Grevi (dir.), *Le monde en 2025*, Éditions Robert Laffont, 2007, p. 48.

68 Nicole Gnesotto et Giovanni Grevi (dir.), *Le monde en 2025*, Éditions Robert Laffont, 2007, p. 180.

69 Jean-Sébastien Trudel, « L'économie circulaire de la Chine », *Vision durable*, septembre 2007, p. 10.

70 André Gosselin, « Le mirage chinois », *Affaires Plus*, novembre 2006, p. 10.

71 Jean-François Cloutier, « Et si un de ces scénarios inattendus se réalisait en 2009? », *Les Affaires*, 20 décembre 2008, p. 25.

72 Alexandre Adler, *Le nouveau rapport de la CIA*, Éditions Robert Laffont, 2009, p. 197.

73 Nicole Gnesotto et Giovanni Grevi (dir.), *Le monde en 2025*, Éditions Robert Laffont, 2007, p. 168.

74 Pauline Lebrec, « Mumbai : les défis de la croissance indienne », *The Paris Globalist*, février 2007, p. 24.

75 « Crise alimentaire – Émeute en vue », *Les Affaires*, 22 novembre 2008, p. 80.

76 Alexandre Adler, *Le nouveau rapport de la CIA*, Éditions Robert Laffont, 2009, p. 191.

77 Nicole Gnesotto et Giovanni Grevi (dir.), *Le monde en 2025*, Éditions Robert Laffont, 2007, p. 91.

78 Jean-Paul Thiéblot, « La pollution en Chine semble hors de contrôle », *Les Affaires*, 1er décembre 2007, p. 3.

79 Associated Press, « Un sixième de l'humanité souffre de la faim », *Le Nouvelliste*, 20 juin 2009, p. 8.

80 Laura-Julie Perreault, « Un milliard de personnes souffrent de la faim », *Le Nouvelliste*, 15 octobre 2009, p. 25.

81 Agence France-Presse, « Sécheresse, 70 % de la Terre menacée », *Le Journal de Montréal*, 4 octobre 2009, p. 4.

82 Alexandre Adler, *Le nouveau rapport de la CIA*, Éditions Robert Laffont, 2009, p. 194.

83 Alexandre Adler, *Le nouveau rapport de la CIA*, Éditions Robert Laffont, 2009, p. 194.

84 « 50 % », *Les Affaires*, 7 juin 2008, p. 7.

85 Doan Bui, *Les affameurs*, Éditions Privé, 2009, p. 16.

86 Doan Bui, *Les affameurs*, Éditions Privé, 2009, p. 17.

87 Agence France-Presse, « Des milliards de vies en danger », *Le Journal de Montréal*, 6 juillet 2009, p. 39.

88 Nicole Gnesotto et Giovanni Grevi (dir.), *Le monde en 2025*, Éditions Robert Laffont, 2007, p. 52.

89 David Descôteaux, « Abolir les subventions agricoles ferait grimper le prix des aliments », *Les Affaires*, 3 mai 2008, p. 34.

90 Doan Bui, *Les affameurs*, Éditions Privé, 2009, p. 17.

91 Jonathan Trudel, « À qui appartient l'Amazonie? », *L'actualité*, août 2009, p. 24.

92 Jonathan Trudel, « À qui appartient l'Amazonie? », *L'actualité*, août 2009, p. 26.

93 Doan Bui, *Les affameurs*, Éditions Privé, 2009, p. 211.

94 Doan Bui, *Les affameurs*, Éditions Privé, 2009, p. 265.

95 Valérie Borde, « Péril en nos jardins », *L'actualité*, 15 juin 2008, p. 35.

96 Valérie Borde, « Péril en nos jardins », *L'actualité*, 15 juin 2008, p. 35.

97 Valérie Borde, « Péril en nos jardins », *L'actualité*, 15 juin 2008, p. 34.

98 Valérie Borde, « Péril en nos jardins », *L'actualité*, 15 juin 2008, p. 35.

99 Agence France-Presse, « Changements climatiques, l'urgence d'agir », *Le Journal de Montréal*, 15 février 2009.

100 Jonathan Trudel, « À qui appartient l'Amazonie? », *L'actualité*, août 2009, p. 24.

101 « Grand entretien avec Christophe Jaffrelot », *The Paris Globalist*, février 2007, p. 6.

CHAPITRE 2

102 Daniel Germain, « Crise financière. Autour des cartes de crédit », *Affaires Plus*, décembre 2008, p. 11.

103 André Gosselin, « Le héros déchu », *Affaires Plus*, février 2009, p. 11.

104 Stephen Jarislowsky, « Nettoyer le gâchis », *Affaires Plus*, janvier 2009, p. 46.

105 André Gosselin, « Le héros déchu », *Affaires Plus*, février 2009, p. 11.

106 *La Presse*, « Cartes de crédit. Endettés, les Canadiens », *Le Nouvelliste*, 4 février 2009, p. 15.

107 *La Presse*, « Cartes de crédit. Endettés, les Canadiens », 4 février 2009, p. 15.

108 Martin Vallières, « Fini la faillite personnelle facile », *Le Nouvelliste*, 18 septembre 2009, p. 15.

109 Philippe Mercure, « Cartes de crédit. Les factures impayées s'empilent », *Le Nouvelliste*, 7 août 2009, p. 17.

110 André Gossselin, « Le rêve américain à l'épreuve de la crise », *Les Affaires*, 1er novembre 2008, p. 47.

111 « Davantage de propriétaires au Canada », www.radio-canada.ca/regions/montreal, 8 juin 2008.

112 « Les propriétaires de logements veulent récupérer plus vite leurs dépenses », www.canadianpress.com, 29 novembre 2007.

113 Martin Sylvestre, « Le secteur immobilier en plein changement », *Vision 2009*, 21 janvier 2009, p. 18.

114 Yanick Desnoyers, économiste en chef adjoint à la Financière Banque nationale, « Stabilisation des prix des maisons aux États-Unis », *Les Affaires*, 28 février 2009, p. 17.

115 Yanick Desnoyers, économiste en chef adjoint à la Financière Banque nationale, « Stabilisation des prix des maisons aux États-Unis », *Les Affaires*, 28 février 2009, p. 17.

116 « Emprunt immobilier : le crédit d'impôt passe de 20 à 40 % la première année », www.latribune.fr, 10 septembre 2007.

117 Patrick Charlebois, « 2008 : L'année noire », *Vision 2009*, p. 3.

118 K. N., « Un prêt *hot, hot, hot* », *Commerce*, janvier 2008, p. 8.

119 K. N., « Un prêt *hot, hot, hot* », *Commerce*, janvier 2008, p. 8.

CHAPITRE 3

120 Marie-Ève Cousineau, « Trois générations sous un même toit", *Affaires Plus*, septembre 2009, p. 34.

121 Marie-Ève Cousineau, « Trois générations sous un même toit", *Affaires Plus*, septembre 2009, p. 34.

122 Marie-Ève Cousineau, « Trois générations sous un même toit", *Affaires Plus*, septembre 2009, p. 36.

123 Marie-Ève Cousineau, « Trois générations sous un même toit", *Affaires Plus*, septembre 2009, p. 34.

124 Jeanne Corriveau, « Montréal : les vieux sont maintenant plus nombreux que les jeunes », *Le Devoir*, 14 janvier 2009.

125 Maurice N. Marchon, « Matière grise dans le rouge », *Commerce*, mai 2006, p. 25.

126 Jonathan Trudel, « Choc 2013, Québec, les années zéro », *L'actualité*, 15 mars 2005, p. 26.

127 David K. Foot en collaboration avec Daniel Stoffman, *Entre le boom et l'écho 2000*, Éditions Boréal, collection « Info Presse », 1999, p. 93.

128 David K. Foot en collaboration avec Daniel Stoffman, *Entre le boom et l'écho 2000*, Éditions Boréal, collection « Info Presse », 1999, p. 180.

129 Jean-Benoît Nadeau, « Demain, l'or boréal », *L'actualité*, avril 2008, p. 41.

130 « Saviez-vous que... », *Le Courrier de Bécancour*, 22 avril 2009.

131 Daniel Chrétien, « L'arbre aux dollars », *L'actualité*, 15 octobre 2009, p. 61.

132 Marcel Aubry, « Le Centre-du-Québec souhaite obtenir le statut de région pilote », *Le Nouvelliste*, 3 octobre 2009, p. 15.

133 Daniel Chrétien, « L'arbre aux dollars », *L'actualité*, 15 octobre 2009, p. 61.

134 Jean-Benoît Nadeau, « Demain, l'or boréal », *L'actualité*, avril 2008, p. 41.

135 Jean-Benoît Nadeau, « Demain, l'or boréal », *L'actualité*, avril 2008, p. 43.

136 Jean-Benoît Nadeau, « Demain, l'or boréal », *L'actualité*, avril 2008, p. 43.

137 Jonathan Trudel, « La Suède roulera au bois », *L'actualité*, avril 2008, p. 48.

138 Jean-Benoît Nadeau, « Demain, l'or boréal », *L'actualité*, avril 2008, p. 46.

139 François Riverin, « La hausse du prix du bois sera explosive » *Les Affaires*, 13 septembre 2008, p. 47.

140 François Riverin, « La hausse du prix du bois sera explosive » *Les Affaires*, 13 septembre 2008, p. 47.

141 A. Dubuc, « Chaque *baby-boomer* veut son petit coin de bois », *Les Affaires*, 28 février 2009, p. 7.

142 Daniel Chrétien, « L'arbre aux dollars », *L'actualité*, 15 octobre 2009, p. 61.

143 Daniel Chrétien, « L'arbre aux dollars », *L'actualité*, 15 octobre 2009, p. 61.

144 Hugo Joncas, « Québec engage la lutte aux émissions de gaz à effet de serre », *Les Affaires*, 30 mai 2009, p. 24. Entrevue avec Mme Line Beauchamp, ministre du Développement durable, de l'Environnement et des Parcs.

145 Hugo Joncas, « Québec engage la lutte aux émissions de gaz à effet de serre », *Les Affaires*, 30 mai 2009, p. 24. Entrevue avec Mme Line Beauchamp, ministre du Développement durable, de l'Environnement et des Parcs.

146 François Guérard, « Les six travaux d'Obama », *L'actualité*, 1er octobre 2009, p. 40.

147 Hugo Joncas, « Le CO_2 fait rouler l'emploi en finance », *Les Affaires*, 19 septembre 2009, p. 21.

148 Alexandre Adler, *Le nouveau rapport de la CIA*, Éditions Robert Laffont, 2009, p. 232.

149 Jean-Paul Gagné, « L'éthanol est loin d'être une panacée », *Les Affaires*, 22 septembre 2007, p. 13.

150 Pierre Théroux, « Adieu, facture d'Hydro ! », *Les Affaires*, 22 août 2009, p. 31.

151 Louise Gagnon, « Le génie du solaire », *L'actualité*, septembre 2009, p. 34.

152 Pierre Théroux, « Adieu, facture d'Hydro ! », *Les Affaires*, 22 août 2009, p. 31.

153 Hugo Joncas, « En immobilier, *small is the new big* », *Les Affaires*, 4 avril 2009, p. 14.

154 Hugo Joncas, « En immobilier, *small is the new big* », *Les Affaires*, 4 avril 2009, p. 14.

155 André Dubuc, « Le condo continue de progresser dans les intentions d'achat », *Les Affaires*, 10 novembre 2007, p. 20.

156 Hugo Joncas, « En immobilier, *small is the new big* », *Les Affaires*, 4 avril 2009, p. 15.

157 Hugo Joncas, « En immobilier, *small is the new big* », *Les Affaires*, 4 avril 2009, p. 15.

158 Hugo Joncas, « En immobilier, *small is the new big* », *Les Affaires*, 4 avril 2009, p. 15.

CHAPITRE 4

159 François Guérard, « Un pays en déroute », *L'actualité*, novembre 2008, p. 51.

160 Hugo Joncas, « En immobilier, *small is the new big* », *Les Affaires*, 4 avril 2009, p. 15.

161 Gabriel Delisle, « La Mauricie : paradis des chasseurs québécois », *Le Nouvelliste*, 13 octobre 2009, p. 5.

162 Francis Vailles, « Les Québécois continuent de courir les bois », *Le Nouvelliste*, 2 juillet 2009, p. 12.

163 Hugo Joncas et André Dubuc, « La Caisse de dépôt joue-t-elle trop gros en immobilier? », *Les Affaires*, 1er novembre 2008, p. 15.

164 Hugo Joncas, « Les grues s'activent à Québec », *Les Affaires*, 28 novembre 2009, p. 52.

165 David K. Foot en collaboration avec Daniel Stoffman, *Entre le boom et l'écho 2000*, Éditions Boréal, collection « Info Presse », 1999, p. 93.

166 Nicole Gnesotto et Giovanni Grevi (dir.), *Le monde en 2025*, Éditions Robert Laffont, 2007, p. 108.

CHAPITRE 5

167 *L'état du monde 2008*, La Découverte / Boréal, p. 222.

168 *L'état du monde 2008*, La Découverte / Boréal, p. 140-141.

169 Alexandre Adler, *Le nouveau rapport de la CIA*, Éditions Robert Laffont, 2009, p. 263.

170 François Normand, « Le Brésil progresse, mais beaucoup reste à faire », *Les Affaires*, 22 septembre 2007, p. 39.

171 Nicole Gnesotto et Giovanni Grevi (dir.), *Le monde en 2025*, Éditions Robert Laffont, 2007, p. 197.

172 Nicole Gnesotto et Giovanni Grevi (dir.), *Le monde en 2025*, Éditions Robert Laffont, 2007, p. 97.

173 André Fauteux, « Défi climat : vite, des véhicules électriques et des maisons autonomes », *La Maison du 21e siècle*, été 2008, p. 8.

174 Nicolas Bérubé, « Un demi-million de Californiens fuient les feux », *Le Nouvelliste*, 24 octobre 2007, p. 41.

175 Nicolas Bérubé, « Un demi-million de Californiens fuient les feux », *Le Nouvelliste*, 24 octobre 2007, p. 41.

176 Isabelle Ducas, « La nature reprend ses droits », *Affaires Plus*, décembre 2007, p. 70.

177 Reuters et Associated Press, « État d'urgence en Californie », *Le Journal de Montréal*, 1er mars 2009, p. 20.

178 Nicolas Bérubé, « L.A. s'attend au pire », www.cyberpresse.ca, 21 décembre 2008.

179 Alexandre Adler, *Le nouveau rapport de la CIA*, Éditions Robert Laffont, 2009, p. 278.

180 Nicole Gnesotto et Giovanni Grevi (dir.), *Le monde en 2025*, Éditions Robert Laffont, 2007, p. 43.

181 Nicole Gnesotto et Giovanni Grevi (dir.), *Le monde en 2025*, Éditions Robert Laffont, 2007, p. 151-152.

182 Associated Press, « Déficit record de 1 420 milliards $ pour les É.-U. », *Le Nouvelliste*, 17 octobre 2009, p. 19.

183 F. Normand, « Monnaie de référence. La fin du règne du dollar américain? », *Les Affaires*, 19 septembre 2009, p. 9.

184 Isabelle Ducas, « Floride : aubaine ou mirage », *L'actualité*, février 2008, p. 37.

185 Isabelle Ducas, « Floride : aubaine ou mirage », *L'actualité*, février 2008, p. 37.

186 *The Globalist*, « Des ouragans plus nombreux et plus destructeurs », *Les Affaires*, 15 septembre 2007, p. 5.

187 Isabelle Ducas, « Floride : aubaine ou mirage », *L'actualité*, février 2008, p. 40.

188 Isabelle Ducas, « Floride : aubaine ou mirage », *L'actualité*, février 2008, p. 40.

189 Stéphanie Grammond, « Acheter en Floride : suivez le guide ! », *La Presse*, 24 janvier 2008, consulté en ligne au www.montoit.cyberpresse.ca.

190 Alexandre Adler, *Le nouveau rapport de la CIA*, Éditions Robert Laffont, 2009, p. 195.

191 François Cardinal, « Le Canada doit se préparer au pire », *Le Nouvelliste*, 26 novembre 2009, p. 34.

192 F. N., « Le Canada gagnant aux changements climatiques", *Les Affaires*, 3 janvier 2009, p. 11.

193 Stéphanie Bérubé, « Crise alimentaire. Le Canada un des rares pays épargnés », *Le Nouvelliste*, 13 juin 2008, p. 33.

194 Valérie Borde, « À sec ! », *Sélection du Reader's Digest*, mai 2008, p. 92.

195 Normand Mousseau, *Au bout du pétrole*, Éditions Multimondes, 2008, p. 57.

196 Nicolas Mesley, « Alberta – Eau à vendre », *Commerce*, mai 2007, p. 28.

197 David K. Foot, en collaboration avec Daniel Stoffman, *Entre le boom et l'écho 2000*, Éditions Boréal, collection « Info Presse », 1999, p. 221.

198 David K. Foot, en collaboration avec Daniel Stoffman, *Entre le boom et l'écho 2000*, Éditions Boréal, collection « Info Presse », 1999, p. 225-226.

199 Vincent Brousseau-Pouliot, « Mini-tempête immobilière en Alberta », www.lapresseaffaires.cyberpresse.ca, 11 février 2009.

200 Philippe Mercure, « Cartes de crédit. Les factures impayées s'empilent », *Le Nouvelliste*, 7 août 2009, p. 17.

201 Philippe Mercure, « Cartes de crédit. Les factures impayées s'empilent », *Le Nouvelliste*, 7 août 2009, p. 17.

202 Paul Daniel Muller, « Oui à 10 000 travailleurs de plus », *Les Affaires*, 29 septembre 2007, p. 36.

203 Martin Ouellet, « Le Québec a accueilli 45 221 immigrants en 2007 », *Le Nouvelliste* , 9 août 2008, p. 12.

204 David K. Foot, en collaboration avec Daniel Stoffman, *Entre le boom et l'écho 2000*, Éditions Boréal, collection « Info Presse », 1999, p. 64.

205 David K. Foot, en collaboration avec Daniel Stoffman, *Entre le boom et l'écho 2000*, Éditions Boréal, collection « Info Presse », 1999, p. 66

206 Martin Croteau, « Aires protégées, Québec atteint son objectif », *Le Nouvelliste*, 30 mars 2009, p. 13.

207 Martin Croteau, « Aires protégées, Québec atteint son objectif », *Le Nouvelliste*, 30 mars 2009, p. 13.

208 Martin Croteau, « Aires protégées, Québec atteint son objectif », *Le Nouvelliste*, 30 mars 2009, p. 13.

209 Alexandre Adler, *Le nouveau rapport de la CIA*, Éditions Robert Laffont, 2009, p. 16.

210 Marc Rochette, « Le Centre-de-l'Énergie », *Le Nouvelliste*, 20 août 2009, p. 8.

211 Kathy Noël, « Le Québec doit-il vendre son eau? », *Commerce*, octobre 2007, p. 20.

212 Sophie Coisne, « Les conséquences d'une pénurie annoncée », *Science et vie*, juin 2000, p. 112.

213 Sophie Coisne, « Les conséquences d'une pénurie annoncée », *Science et vie*, juin 2000, p. 110.

214 Valérie Borde, « À sec! », *Sélection du Reader's Digest*, mai 2008, p. 87.

215 Valérie Borde, « À sec! », *Sélection du Reader's Digest*, mai 2008, p. 87. Cite le professeur Frédéric Lasserre du département de géographie de l'Université Laval.

216 Jean-Paul Gagné, « Pour une meilleure gestion de l'eau », *Les Affaires*, 23 mai 2009, p. 10.

217 Marcel Boyer, « Le Québec devrait exporter son eau douce », *Les Affaires*, 30 août 2008, p. 22.

218 Jean-Paul Gagné, « Pour une meilleure gestion de l'eau », *Les Affaires*, 23 mai 2009, p. 10.

219 Jean-Sébastien Trudel, « La première révolution industrielle », *Vision durable*, septembre 2007, p. 43.

220 François Cardinal, « L'abondance de l'eau est un mythe », *La Presse*, 22 mars 2009, p. A-14.

221 *La Presse*, « Une crise mondiale de l'eau se dessine, prévient l'ONU », *Le Nouvelliste*, 12 mars 2009, p. 34.

222 Pour en savoir plus, visitez le site www.onedrop.org.

223 Isabelle Grégoire, « La cirquanthropie à l'œuvre », *L'actualité*, 15 octobre 2009, p. 24.

224 Violaine Ballivy, « Voyage au cœur de l'eau », *La Presse*, 22 mars 2009, p. A-14.

225 Jean Lemire, « Petit voyage aux extrémités du monde », *La Presse*, 16 mars 2008, p. 13.

226 Éric Desrosiers, « Davos exhorte à penser à long terme », *Le Devoir*, 14 janvier 2009, p. B-4.

227 « Le gaspillage de l'eau, un enjeu majeur », *Les Affaires*, 30 août 2008, p. 18. Cite *The Economist*.

CHAPITRE 6

228 Vincent Destouches, « Énergie. Les nouveaux gloutons », *L'actualité*, août 2009, p. 12.

229 Dominique Beauchamps, « Investir dans les énergies propres pour en profiter », *Les Affaires*, 6 juin 2009, p. 13.

230 Pierre Alvarez, « Nous devons consommer moins de pétrole », *Les Affaires*, 31 mai 2008, p. 3.

231 « En commençant par la fin – La Chine fait vroum », *L'actualité*, septembre 2009, p. 56.

232 Normand Mousseau, *Au bout du pétrole*, Éditions Multimondes, 2008, p. 17.

233 Ulysse Bergeron, « Le monde à l'envers », *Commerce*, novembre 2008, p. 20.

234 Daniel Masse, « L'Inde, un autre monde », *La Presse*, 23 février 2008.

235 Nicole Gnesotto et Giovanni Grevi (dir.), *Le monde en 2025*, Éditions Robert Laffont, 2007, p. 61.

236 Nicolas Lefort, « Inde et Chine : alliance et concurrence entre deux géants », *The Paris Globalist*, février 2007, p. 10.

237 Tableau « L'explosion des prix », *Commerce*, janvier 2008, p. 23.

238 Nicole Gnesotto et Giovanni Grevi (dir.), *Le monde en 2025*, Éditions Robert Laffont, 2007, p. 58.

239 François Normand, « Deux milliards d'humain n'ont pas l'électricité! », *Les Affaires*, p. 3.

240 Normand Mousseau, *Au bout du pétrole*, Éditions Multimondes, 2008, p. 141.

241 Normand Mousseau, *Au bout du pétrole*, Éditions Multimondes, 2008, p. 143.

242 François Normand, « Hydro-Québec est une cible pour les espions », *Les Affaires*, 16 mai 2009, p. 8.

243 Normand Mousseau, *Au bout du pétrole*, Éditions Multimondes, 2008, p. 1.

244 Normand Mousseau, *Au bout du pétrole*, Éditions Multimondes, 2008, p. 29.

245 Normand Mousseau, *Au bout du pétrole*, Éditions Multimondes, 2008, p. 6.

246 Normand Mousseau, *Au bout du pétrole*, Éditions Multimondes, 2008, p. 19.

247 Nicole Gnesotto et Giovanni Grevi (dir.), *Le monde en 2025*, Éditions Robert Laffont, 2007, p. 69.

248 Carole Lehirez, « L'éthanol, responsable de tous les maux? », *Les Affaires*, 22 novembre 2008, p. 77.

249 « De nouvelles raisons de se méfier de l'éthanol », *Les Affaires*, 8 mars 2008, p. 21.

250 Nicolas Mesly, « La fin de la bouffe à rabais », *Commerce*, juin 2008, p. 14.

251 François Cardinal, « Ottawa dit oui à l'industrie de l'éthanol », *Le Nouvelliste*, 2 mai 2008, p. 14.

252 Carole Lehirez, « L'éthanol, responsable de tous les maux? », *Les Affaires*, 22 novembre 2008, p. 77.

253 Pierre Picard, « Québec mise sur l'éthanol cellulosique », *Les Affaires*, 23 août 2008, p. 41.

254 Carole Lehirez, « L'éthanol, responsable de tous les maux? », *Les Affaires*, 22 novembre 2008, p. 77.

255 Pierre Picard, « Québec mise sur l'éthanol cellulosique », *Les Affaires*, 23 août 2008, p. 41.

256 « De nouvelles raisons de se méfier de l'éthanol », *Les Affaires*, 8 mars 2008, p. 21.

257 « De nouvelles raisons de se méfier de l'éthanol », *Les Affaires*, 8 mars 2008, p. 21.

258 A. Duhamel, « Les biocarburants font bondir la valeur des terres », *Les Affaires*, 24 mai 2008, p. 7.

259 A. Duhamel, « Les biocarburants font bondir la valeur des terres », *Les Affaires*, 24 mai 2008, p. 7.

260 Carole Beaulieu, « Les repas de la honte », *L'actualité*, mai 2008, p. 9.

261 Daniel Landry, « Une pétrodépendance qui tire... à sa faim », *Le Nouvelliste*, 29 avril 2008, p. 10.

262 Jean-Paul Gagné, « L'éthanol est loin d'être une panacée », *Les Affaires*, 22 septembre 2007, p. 13.

263 Carole Beaulieu, « Les repas de la honte », *L'actualité*, mai 2008, p. 9.

264 Paul Daniel Muller, « Il faut libérer l'agriculture canadienne », *Les Affaires*, 7 juin 2008, p. 36.

265 A. Duhamel, « Les biocarburants font bondir la valeur des terres », *Les Affaires*, 24 mai 2008, p. 7.

266 Carole Lehirez, « L'éthanol, responsable de tous les maux? », *Les Affaires*, 22 novembre 2008, p. 77.

267 *The Economist*, « Agriculture : le tsunami silencieux », *Les Affaires*, 26 avril 2008, p. 20.

268 Carole Lehirez, « L'éthanol, responsable de tous les maux? », *Les Affaires*, 22 novembre 2008, p. 77.

269 André Gosselin, « La ruée vers les céréales », *Affaires Plus*, mars 2008, p. 8.

270 Doan Bui, *Les affameurs*, Éditions Privé, 2009, p. 300.

271 Normand Mousseau, *Au bout du pétrole*, Éditions Multimondes, 2008, p. 103.

272 Marie-Claude Morin, « Quatre secteurs qui permettent de profiter du boom de l'agriculture », *Les Affaires*, 26 avril 2009, p. 37.

273 Jean-Benoît Nadeau, « Demain, l'or boréal », *L'actualité*, avril 2008, p. 45.

274 Carole Lehirez, « L'éthanol, responsable de tous les maux? », *Les Affaires*, 22 novembre 2008, p. 77.

275 Alain Menier, « Un Eldorado à développer... au plus vite », *Les Affaires*, 28 février 2009, p. 55.

276 Marie Vastel, « À chacun son éolienne », *L'actualité*, 1er novembre 2008, p. 16.

277 François Normand, « Comment l'Allemagne est devenue un leader en énergie renouvelable », *Les Affaires*, 7 mars 2009, p. 14.

278 Stéphane Gagné, « L'industrie éolienne, une planche de salut », *Les Affaires*, 30 mai 2009, p. A-15. Entrevue avec Frédéric Côté, du TechnoCentre éolien
de Gaspé.

279 C.-A. Ramsay, « Québec fixe un plancher de redevances à 2 500 $ », *Les Affaires*, 17 mai 2008, p. 7.

280 C.-A. Ramsay, « Québec fixe un plancher de redevances à 2 500 $ », *Les Affaires*, 17 mai 2008, p. 7.

281 François Normand, « Comment l'Allemagne est devenue un leader en énergie renouvelable », *Les Affaires*, 7 mars 2009, p. 14.

282 Hélène Baril, « Un millier de nouvelles éoliennes », *La Presse*, 6 mai 2008, p. 18.

283 Hélène Baril, « Un millier de nouvelles éoliennes », *La Presse*, 6 mai 2008, p. 18.

284 Carole Beaulieu, « Les nouveaux séraphins québécois », *L'actualité*, 1er novembre 2009, p. 11.

285 Normand Mousseau, *Au bout du pétrole*, Éditions Multimondes, 2008, p. 76.

286 François Normand, « Deux milliards d'humain n'ont pas l'électricité! », *Les Affaires*, p. 3.

287 Nicole Gnesotto et Giovanni Grevi (dir.), *Le monde en 2025*, Éditions Robert Laffont, 2007, p. 62.

288 Normand Mousseau, *Au bout du pétrole*, Éditions Multimondes, 2008, p. 76.

289 Nicole Gnesotto et Giovanni Grevi (dir.), *Le monde en 2025*, Éditions Robert Laffont, 2007, p. 62.

290 Jean Paré, « Pollution : Le plus vieux débat du monde », *L'actualité*, 15 novembre 2008, p. 16.

291 *The Globalist*, « Le charbon reste très présent », *Les Affaires*, 29 septembre 2007, p. 5.

292 *The Globalist*, « Le charbon reste très présent », *Les Affaires*, 29 septembre 2007, p. 5.

293 Nicole Gnesotto et Giovanni Grevi (dir.), *Le monde en 2025*, Éditions Robert Laffont, 2007, p. 182-183.

294 *The Globalist*, « Le charbon reste très présent », *Les Affaires*, 29 septembre 2007, p. 5.

295 Normand Mousseau, *Au bout du pétrole*, Éditions Multimondes, 2008, p. 73. Cite *Le Devoir*, 23 mai 2007.

296 *The Globalist*, « Le charbon reste très présent », *Les Affaires*, 29 septembre 2007, p. 5.

297 Normand Mousseau, *Au bout du pétrole*, Éditions Multimondes, 2008, p. 71.

298 Normand Mousseau, *Au bout du pétrole*, Éditions Multimondes, 2008, p. 81.

299 Alexandre Adler, *Le nouveau rapport de la CIA*, Éditions Robert Laffont, 2009, p. 174.

300 Normand Mousseau, *Au bout du pétrole*, Éditions Multimondes, 2008, p. 83.

301 Normand Mousseau, *Au bout du pétrole*, Éditions Multimondes, 2008, p. 82.

302 Normand Mousseau, *Au bout du pétrole*, Éditions Multimondes, 2008, p. 84.

303 Normand Mousseau, *Au bout du pétrole*, Éditions Multimondes, 2008, p. 94.

304 Normand Mousseau, *Au bout du pétrole*, Éditions Multimondes, 2008, p. 90.

305 *The Globalist*, « La terre tourne vers le soleil », *Les Affaires*, 1er septembre 2007, p. 7.

306 *The Globalist*, « La terre tourne vers le soleil », *Les Affaires*, 1er septembre 2007, p. 7.

307 François Normand, « Comment l'Allemagne est devenue un leader en énergie renouvelable », *Les Affaires*, 7 mars 2009, p. 14.

308 Hugo Joncas, « Des centrales solaires bientôt installées dans l'espace », *Les Affaires*, 19 septembre 2009, p. 21.

CHAPITRE 7

309 Nicole Gnesotto et Giovanni Grevi (dir.), *Le monde en 2025*, Éditions Robert Laffont, 2007, p. 33.

310 Nicole Gnesotto et Giovanni Grevi (dir.), *Le monde en 2025*, Éditions Robert Laffont, 2007, p. 68.

311 Nicole Gnesotto et Giovanni Grevi (dir.), *Le monde en 2025*, Éditions Robert Laffont, 2007, p. 169.

312 Nicole Gnesotto et Giovanni Grevi (dir.), *Le monde en 2025*, Éditions Robert Laffont, 2007, p. 81.

313 Nicole Gnesotto et Giovanni Grevi (dir.), *Le monde en 2025*, Éditions Robert Laffont, 2007, p. 167.

314 Dominique Beauchamp, « Et si l'inflation s'installait pour longtemps? », *Les Affaires*, 28 avril 2007, p. 9. Entrevue avec M. Donald Coxe, stratège, portefeuille mondial, chez BMO Nesbitt Burns.

315 Bernard Mooney, « Les meilleures façons de perdre de l'argent en 2009 », *Les Affaires*, 3 janvier 2009, p. 30.

316 Bernard Mooney, « La police anti-inflation se met à l'œuvre », *Les Affaires*, 13 juin 2009, p. 33.

317 François Normand, « Le monde en 2025 sera plus riche, mais plus instable », *Les Affaires*, 3 janvier 2009, p. 10.

318 Stéphanie Grammond, « Rage de sucre à la bourse », *Le Nouvelliste*, 22 août 2009, p. 20.

319 Diane Bérard, « La revanche de l'agriculture », *Commerce*, mai 2008, p. 2.

320 Jean-François Cloutier, « Adaptez votre stratégie au nouvel univers du placement », *Les Affaires*, 11 juillet 2009, p. 20.

321 F. Riverin, « Pierre Lassonde entrevoit un autre cycle explosif du prix de l'or », *Les Affaires*, 13 juin 2009, p. 43.

322 David K. Foot, en collaboration avec Daniel Stoffman, *Entre le boom et l'écho 2000*, Éditions Boréal, collection « Info presse », 1999, p. 76.

323 Rubrique « Investir », *Les Affaires*, 28 juin 2008, p. 31. Source : Banque du Canada.

324 François Dupuis, économiste en chef au Mouvement des caisses Desjardins, « Le risque d'inflation reste faible », *Les Affaires*, 31 janvier 2009, p. 16.

325 Jean-François Cloutier, « Préparez-vous au retour de l'inflation », *Les Affaires*, 28 février 2009, p. 44.

326 Stephen Jarislowsky, « De faux espoirs », *Affaires Plus*, juin 2009, p. 46.

327 Jean-François Cloutier, « Six clés pour protéger votre capital contre les risques financiers », *Les Affaires*, 6 juin 2009, p. 34.

328 Doan Bui, *Les affameurs*, Éditions Privé, 2009, p. 144-145.

CHAPITRE 8

329 Pierre Fortin, « Facturez au suivant! », *L'actualité*, 15 octobre 2009, p. 58.

330 Daniel Germain, « Malades, *coast to coast* », *Affaires Plus*, juin 2005, p. 8.

331 Jonathan Trudel, « Choc 2013, Québec, les années zéro », *L'actualité*, 15 mars 2005, p. 26.

332 Stéphane Paquet, « 2,2 millions de Québécois ne paient pas d'impôt provincial », *Le Nouvelliste*, 17 février 2009, p. 11.

333 Paul Dontigny junior, « C'est la faute aux *boomers* », lu en ligne sur le site www.lesaffaires.com, 19 janvier 2007. Article traitant d'un discours prononcé par Ben Bernanke, président du conseil de la Réserve fédérale américaine.

334 F. N., « Là où le vieillissement freine la croissance », *Les Affaires*, 3 janvier 2009, p. 11.

335 Jean-Paul Gagné, « Plus on vivra longtemps, plus il faudra épargner et travailler », *Les Affaires*, 23 juin 2007, p. 14.

336 Maurice N. Marchon, « Matière grise dans le rouge », *Commerce*, mai 2006, p. 25.

337 Jean-Paul Gagné, « Plus on vivra longtemps, plus il faudra épargner et travailler », *Les Affaires*, 23 juin 2007, p. 14.

338 Jean-Paul Gagné, « Que fait-on des "sans-pension"? », *Les Affaires*, 30 mai 2009, p. 10.

339 D. Froment, « Près de la moitié des Québécois oublient la retraite à 65 ans », *Les Affaires*, 7 février 2009, p. 7.

340 Denis Lessard, « La Régie des rentes touchée », *Le Nouvelliste*, 15 mai 2009, p. 13.

341 Pierre Couture, « Hausses de tarifs à l'horizon », *Le Nouvelliste*, 6 août 2009, p. 7.

342 André Dubuc, « Les travailleurs québécois paieront plus cher pour toucher leur retraite », *Les Affaires*, 18 octobre 2008, p. 30.

343 Jonathan Trudel, « Choc 2013, Québec, les années zéro », *L'actualité*, 15 mars 2005, p. 28.

344 François Dupuis, économiste en chef au Mouvement des caisses Desjardins, « Le choc démographique est pour demain », *Les Affaires*, 6 juin 2009, p. 15.

345 Jonathan Trudel, « Choc 2013, Québec, les années zéro », *L'actualité*, 15 mars 2005, p. 29.

346 Denis Lessard, « La Régie des rentes touchée », *Le Nouvelliste*, 15 mai 2009, p. 13.

347 Jean-Paul Gagné, « Nuages noirs sur les pensions », *Les Affaires*, 10 janvier 2009, p. 8.

348 Diane Bérard, « L'économie ou la retraite? », *Commerce*, janvier 2009, p. 2.

349 La Presse Canadienne, « Le régime de retraite a perdu 19,3 pour cent de sa valeur », *Le Nouvelliste*, 10 avril 2009, p. 13.

350 Gary Norris, (La Presse Canadienne), « Une baisse historique pour l'année 2008 », *Le Nouvelliste*, 24 janvier 2009, p. 14.

351 Rudy Le Cours, « Régimes de retraite : des mesures extraordinaires », *Le Nouvelliste*, 27 janvier 2009, p. 12.

352 Dominique Froment, « Vos prestations de retraite sont menacées en cas de faillite de l'employeur », *Les Affaires*, 21 février 2009, p. 52.

353 Jean-Paul Gagné, « Que fait-on des "sans-pension"? », *Les Affaires*, 30 mai 2009, p. 10.

354 Jean-Paul Gagné, « Les pensions, une bombe à retardement », *Les Affaires*, 21 février 2009, p. 10.

355 Christine Deslandes, « Mon régime de retraite tiendra-t-il le coup? », *Les Affaires*, 3 janvier 2009, p. 28.

356 Vincent Broussesau-Poulio, « Mini-tempête immobilière en Alberta », www.lapresseaffaires.cyberpresse.ca, 11 février 2009.

357 Julian Beltrame (La Presse Canadienne), « Plus vulnérables, des ménages pourraient perdre leur propriété », *Le Nouvelliste*, 12 décembre 2009, p. 13.

358 Hugo Joncas et André Dubuc, « La Caisse de dépôt joue-t-elle trop gros en immobilier? », *Les Affaires*, 1er novembre 2008, p. 14.

359 Bernard Mooney, « Un marché baissier qui est passé incognito », *Les Affaires*, 9 août 2008, p. 28.

360 Dominique Forget, « "Sainte-Jóhanna" sauvera-t-elle le pays? », *L'actualité*, avril 2009, p. 14.

CHAPITRE 9

361 D. F., « Une île en faillite », *L'actualité*, décembre 2008, p. 64.

362 Daniel Germain et Jean-François Parent, « Retraite, défier l'orage », *Affaires Plus*, février 2009, p. 23.

363 Alain Duhamel, « Le retour au village », *Les Affaires*, 31 janvier 2009, p. 11.

364 Alain Duhamel, « Le retour au village », *Les Affaires*, 31 janvier 2009, p. 11.

365 David K. Foot en collaboration avec Daniel Stoffman, *Entre le boom et l'écho 2000*, Éditions Boréal, collection « Info Presse », 1999, p. 62-63.

366 André Dubuc, « Chalets à vendre », *Les Affaires*, 13 juin 2009, p. 31.

367 Nicole Gnesotto et Giovanni Grevi (dir.), *Le monde en 2025*, Éditions Robert Laffont, 2007, p. 20.

368 David K. Foot en collaboration avec Daniel Stoffman, *Entre le boom et l'écho 2000*, Éditions Boréal, collection « Info Presse », 1999, p. 51.

369 David K. Foot en collaboration avec Daniel Stoffman, *Entre le boom et l'écho 2000*, Éditions Boréal, collection « Info Presse », 1999, p. 62.

370 André Dubuc, « Chalets à vendre », *Les Affaires*, 13 juin 2009, p. 30.

371 Doan Bui, *Les affameurs*, Éditions Privé, 2009, p. 128.

372 Doan Bui, *Les affameurs*, Éditions Privé, 2009, p. 306.

373 Doan Bui, *Les affameurs*, Éditions Privé, 2009, p. 330.

374 Marie-Ève Cousineau, « Ils se paient l'Afrique », *L'actualité*, septembre 2009, p. 43.

375 Doan Bui, *Les affameurs*, Éditions Privé, 2009, p. 343.

376 Marie-Ève Cousineau, « Ils se paient l'Afrique », *L'actualité*, septembre 2009, p. 42.

377 Suzanne Dansereau, « La Chine critiquée en Afrique », *Les Affaires*, 17 octobre 2009, p. 30.

378 Marie-Ève Cousineau, « Ils se paient l'Afrique », *L'actualité*, septembre 2009, p. 43.